# Tartes salées et sucrées

Héloïse Martel

# Tartes salées et sucrées

ISBN 978-2-87691-663-0
Dépôt légal : 1er trimestre 2002

Conception graphique : Pascale Desmazières

Nous nous efforçons de publier des ouvrages qui correspondent à vos attentes et votre satisfaction est pour nous une priorité. Alors, n'hésitez pas à nous faire part de vos commentaires à :
Éditions First
60 rue Mazarine
75006 Paris - France
Tél. : 01 45 49 60 00
Fax : 01 45 49 60 01

Internet e-mail : firstinfo@efirst.com
En avant-première, nos prochaines parutions, des résumés de tous les ouvrages du catalogue. Dialoguez en toute liberté avec nos auteurs et nos éditeurs. Tout cela et bien plus sur Internet à : www.efirst.com

# Introduction

Rustiques ou raffinées, craquantes ou moelleuses, légères ou nourrissantes, les tartes salées et sucrées sont les incontournables de la bonne cuisine familiale.

## Tarte ou tourte ?

Elle change de nom en fonction de sa pâte et de sa garniture.

**• La tarte**

La pâte, brisée, feuilletée ou sablée, amincie au rouleau et étendue sur un moule à bords cannelés porte une garniture de fruits, de crème, de légumes, de viande…

Sa variante : la tarte fine, qui se caractérise par une pâte étalée en très peu d'épaisseur, ce qui lui confère une grande légèreté.

**• La tourte**

C'est une tarte recouverte de pâte, le plus souvent généreusement garnie de viande ou de légumes. Plat unique, elle satisfait les robustes appétits. Pour lui donner un peu de fraîcheur et équilibrer le menu, on l'accompagne de salades.

**• La quiche**

Ce mot désigne une spécialité lorraine, mais il nomme aussi d'autres types de préparations à base d'œufs et de crème qui se servent chaudes, le plus souvent en plat principal, accompagnées, elles aussi, de salades ou de crudités.

**• Les crumbles**

Ce sont de délicieuses pâtisseries à servir en dessert après un repas léger, mais aussi pour accompagner le thé, les après-midi d'hiver. Rapides à préparer et inratables, ils mettent en valeur presque tous les fruits et permettent de délicieuses alliances avec des épices. Autre avantage : vous pouvez préparer les fruits et la pâte à l'avance, et mettre le crumble à cuire dès que vous vous mettez à table ; il sera à la température idéale au moment du dessert, puisqu'il se sert chaud ou tiède.

## À la gloire de la tarte

Tarte, quiche ou tourte, tout le monde l'apprécie, et en particulier les maîtresses de maison. Elles ont de bonnes raisons :

- Elle est (presque toujours) facile à préparer.
- Elle permet souvent d'utiliser les restes.
- Elle satisfait les gros appétits.
- Elle donne de la fantaisie, de la couleur ou de l'originalité à un menu un peu banal.
- Elle se présente à toutes les occasions :
  - salée, en amuse-gueule pour accompagner l'apéritif ;
  - salée et sucrée dans un buffet ;
  - salée et légère en entrée d'un menu ;
  - salée et nourrissante, en plat principal, accompagnée d'une salade ;
  - sucrée, au goûter ;
  - sucrée en dessert après un repas léger, avec, pour les réceptions, un coulis, une salade de fruits, un sorbet ou une glace.

## Du côté de la diététique

C'est une évidence : la tarte est riche, riche en saveurs, en parfums, mais aussi en calories. La pâte apporte

surtout des glucides (sucres) et des lipides (graisses). Quant à la garniture, tout dépend des aliments qui la composent. Le fromage, les pommes de terre, la pâte d'amande, le chocolat pèsent évidemment beaucoup plus lourd dans la balance des calories que les tomates, les courgettes ou les champignons !
L'équilibre diététique s'établit sur une journée, voire sur une semaine. Si vous faites attention à votre ligne, vous ne prendrez pas de poids en compensant un repas riche par un menu léger. Ne vous privez pas du bonheur de déguster une délicate tarte au sucre ou une odorante tourte aux pommes de terre. Mangez simplement léger au repas suivant.

## Sachez composer vos menus

Ne servez pas au même repas une quiche et une tarte aux fruits. Le repas serait trop riche en glucides et en lipides. Avec une tarte salée en entrée, prévoyez une grillade (viande ou poisson) et un légume vert, puis des fruits ou une salade de fruits en dessert.
Avec une tarte, une quiche ou une tourte en plat principal, servez des crudités, une salade ou des légumes cuits en accompagnement, et terminez par un dessert frais.

Les tartes sucrées sont les bienvenues après un repas léger. S'il est trop nourrissant, les convives n'auront plus assez faim pour les apprécier vraiment.

## Les bonnes pâtes

Elles sont l'élément de base de toute tarte. Les pâtes, à l'exception de la pâte feuilletée qui demande un certain tour de main, sont assez faciles à réaliser. Vous pouvez les préparer la veille, ou encore les congeler et les décongeler quelques heures avant leur utilisation. Vous pouvez aussi utiliser les pâtes toutes prêtes du commerce, fraîches ou surgelées. La pâte à pain s'achète chez le boulanger ; demandez l'équivalent d'une baguette et demie pour une pissaladière, à garder au frais et à utiliser le jour même, sinon elle gonfle et surit.
Voici quelques principes à respecter pour préparer une succulente pâte à tarte :

- Préparez la pâte la veille de la préparation du repas, ou laissez-la reposer au réfrigérateur pendant au moins 3 heures après l'avoir pétrie. Elle perdra ainsi son élasticité et ne se rétractera pas à la cuisson.

- Ajoutez de l'eau très froide à la pâte brisée : chaude ou tiède, elle ferait fondre le beurre et rendrait la pâte collante.
- Incorporez à la pâte feuilletée du beurre « souple », c'est-à-dire consistant sans être ramolli : il s'incorporera mieux à la farine.
- Sortez la pâte du réfrigérateur 15 minutes avant de l'étaler. Elle sera plus souple et donc moins difficile à travailler.
- Piquez la pâte de quelques coups de fourchette avant de la faire cuire. Elle ne gonflera pas à la cuisson.
- Laissez la pâte étalée au frais pendant 30 minutes avant de la mettre au four. Elle ne réduira pas à la cuisson.
- Recouvrez la pâte d'une feuille de papier sulfurisé et de haricots secs avant de la faire cuire « à blanc », c'est-à-dire sans garniture. Elle ne gonflera pas à la cuisson. Notez que si vous êtes un vrai amateur de tartes, vous pouvez vous procurer dans les magasins d'articles de cuisine des billes réservées à cet usage.
- Badigeonnez le fond d'une tarte à l'œuf battu avant de la garnir d'une crème liquide, ou de fruits qui pourraient la détremper : elle deviendra imperméable et gardera tout son croustillant.

## Les moules

Les moules à revêtement antiadhésif ont conquis le marché. Ils permettent une cuisson uniforme et un démoulage facile. Choisissez le ou les dimensions qui vous conviennent en fonction de votre famille ou du nombre habituel de vos convives.

Nouveaux venus : les moules souples en silicone, qui présentent de gros avantages. Il n'est pas nécessaire de les beurrer et de les fariner avant la cuisson. Nounours, fleur, étoile, octogone, la fantaisie est de mise dans la forme de ces nouveaux moules. Et, pour certaines préparations, comme les quiches ou les tartes sucrées dont la garniture est solide, on peut même se passer de pâte !

N'oubliez pas dans votre batterie de cuisine les moules à tartelettes, qui permettent une présentation raffinée pour le thé, ou les tartes salées d'accompagnement.

De l'inratable et toujours délicieuse quiche lorraine à la précieuse tartelette aux cèpes, de la classique tarte Tatin à l'exotique tarte à la noix de coco, ce petit livre vous propose 90 recettes de quiches, tartes, tourtes salées et sucrées pour vous régaler en toute saison et en toute occasion, avec pour chacune une idée ou une recette d'accompagnement pour varier vos menus.

Bon appétit !

# TARTES SALÉES

## FEUILLETÉ AU ROQUEFORT ET AUX POIRES

6 personnes ★★★

**Pâte :**
• 200 g de farine • 150 g de beurre • sel *ou un rouleau de pâte feuilletée (fraîche ou surgelée)*
**Garniture :**
• 5 poires • 150 g de roquefort • 25 g de beurre • 50 g de pignons de pin • poivre

**Réalisation**

Faites dissoudre 2 pincées de sel dans un verre d'eau. Mettez la farine dans un saladier, creusez un puits, versez l'eau, mélangez rapidement à la main. Laissez reposer à température ambiante pendant 20 minutes. Étalez la pâte en croix sur une planche farinée, mettez au centre le beurre coupé en très petits morceaux. Rabattez la pâte sur le beurre. Étalez au rouleau en forme de rectangle. Repliez le rectangle en trois comme un portefeuille. Tournez la pâte

d'un quart de tour vers la droite, étalez-la au rouleau en rectangle et repliez-la en trois comme précédemment. Recouvrez-la d'un torchon et laissez-la reposer 20 minutes. Renouvelez cette opération encore deux fois, puis laissez reposer la pâte 20 minutes. Recommencez encore deux fois.
Préchauffez le four th. 8 (240°C). Étalez la pâte sur une planche farinée, garnissez-en un moule à tarte beurré, piquez la pâte de coups de fourchette, recouvrez-la d'un papier sulfurisé et de haricots secs. Faites-la cuire « à blanc » 10 minutes.
Épluchez les poires, coupez-les en quartiers, faites-les revenir dans le beurre. Disposez les poires en rosace sur le fond de tarte, émiettez le roquefort par-dessus, répartissez les pignons de pin, poivrez généreusement. Faites cuire pendant 20 minutes. Servez chaud ou tiède.

**Idée menu :** si vous servez cette tarte en plat principal, accompagnez-la d'une salade de mâche aux magrets de canard fumés.

## FEUILLETÉ AUX LÉGUMES

6 personnes ★★★

**Pâte :**
• 400 g de farine • 300 g de beurre • sel *ou deux rouleaux de pâte feuilletée (fraîche ou surgelée)*
**Garniture :**
• 500 g de carottes • 200 g de navets • 500 g de haricots verts extra-fins • 6 échalotes • 50 g de beurre • 20 cl de crème fraîche • 1 œuf • 2 cuil. à soupe de lait • sel, poivre

**Réalisation**

Faites dissoudre 2 pincées de sel dans un verre d'eau. Mettez la farine dans un saladier, creusez un puits, versez l'eau, mélangez rapidement à la main. Laissez reposer à température ambiante pendant 20 minutes. Étalez la pâte en croix sur une planche farinée, mettez au centre le beurre coupé en très petits morceaux. Rabattez les bords de la pâte sur le beurre. Étalez au rouleau en forme de rectangle. Repliez le rectangle en trois comme un portefeuille. Tournez la pâte d'un quart de tour vers la droite, étalez-la au rouleau en rectangle et repliez-la en trois comme précédemment. Laissez-la reposer

20 minutes. Renouvelez cette opération encore deux fois, puis laissez reposer la pâte 20 minutes. Recommencez encore deux fois. Préchauffez le four th. 8 (240°C). Séparez la pâte en deux parties, étalez-les sur une planche farinée. Beurrez le moule à tarte. Garnissez-le avec la première abaisse de pâte.
Épluchez les légumes, taillez les carottes et les navets en bâtonnets, et coupez les haricots verts en trois. Faites-les cuire séparément dans de l'eau bouillante salée. Égouttez-les. Mélangez-les dans un saladier avec la crème fraîche. Épluchez les échalotes, émincez-les, faites-les revenir dans le beurre, ajoutez-les aux légumes, salez et poivrez. Répartissez les légumes sur le fond de tarte, recouvrez avec la seconde abaisse, soudez bien les bords. Badigeonnez la pâte avec l'œuf battu avec le lait. Faites cuire au four pendant 30 minutes. Servez chaud.

**Idée menu :** servez ce feuilleté en accompagnement d'une volaille, d'un rôti ou de jambon braisé, avec cette sauce : faites chauffer 20 cl de crème dans une casserole, salez, poivrez, ajoutez hors du feu un jaune d'œuf et de la ciboulette ciselée.

# FLAMMEKUECHE

6 personnes ★

**Pâte :**
• 250 g de farine • 175 g de beurre • 5 cl de lait • 1 jaune d'œuf • sel *ou un rouleau de pâte brisée (rayon frais ou surgelés)*
**Garniture :**
• 125 g de lardons fumés • 3 oignons • 20 cl de crème fraîche • 25 g de beurre • sel, poivre

**Réalisation**
Versez la farine dans un saladier, creusez un puits, ajoutez du sel et le beurre fractionné. Malaxez rapidement du bout des doigts et ajoutez le jaune d'œuf et le lait. Pétrissez pour obtenir une pâte souple. Roulez en boule et recouvrez de film alimentaire. Laissez reposer au frais 3 heures, puis 15 minutes à température ambiante. Étalez la pâte, garnissez un moule à tarte beurré et fariné, piquez-la avec une fourchette, et mettez-la au réfrigérateur 30 minutes. Préchauffez le four th. 6 (180°C).
Épluchez les oignons, émincez-les et faites-les revenir à la poêle avec le beurre jusqu'à ce qu'ils soient translucides. Mélangez dans un saladier

la crème avec les lardons finement coupés et les oignons, salez, poivrez. Versez cette préparation dans le moule et faites cuire pendant 30 minutes. Servez chaud ou tiède.

**Idée menu :** servez cette tarte en entrée, ou en plat unique pour un dîner léger, accompagnée, par exemple, d'une salade de mâche, de champignons crus émincés et de ciboulette ciselée.

## PISSALADIÈRE

6 personnes ★

- 250 g de pâte à pain (à acheter chez le boulanger) • 1 kg d'oignons • 2 boîtes d'anchois allongés • 100 g d'olives noires • 4 cuil. à soupe d'huile d'olive

**Réalisation**

Préchauffez le four th. 6 (180°C). Épluchez les oignons, émincez-les et faites-les fondre dans une cocotte avec deux cuillerées d'huile d'olive. Huilez la plaque du four et étalez la pâte dessus. Répartissez les oignons, disposez les filets d'anchois en croisillons, décorez avec les olives noires. Faites cuire au four pendant 20 minutes. Servez chaud, tiède ou froid, à votre convenance.

**Idée menu :** vous pouvez proposer cette pissaladière en apéritif ou dans un buffet dînatoire ; coupez-la alors en petits carrés. Si vous la servez en plat unique, accompagnez-la, par exemple, d'une salade italienne : tomates en rondelles et roquette assaisonnées d'une vinaigrette à l'huile d'olive et au basilic.

## QUICHE À LA DUBARRY

**6 personnes** ★★

**Pâte :**
• 200 g de farine • 50 g de margarine • 100 g de petits-suisses • sel

**Garniture :**
• 4 tranches de jambon blanc • 1 chou-fleur • 6 cuil. à café de gruyère râpé • 1 yaourt • 2 œufs • 90 g de lait demi-écrémé • sel, poivre

### Réalisation

Préparez la pâte à tarte, en mélangeant la farine, la margarine, les petits-suisses et une pincée de sel. Mettez en boule et laissez reposer 30 minutes. Préchauffez le four th. 7 (210°C). Coupez le jambon en petits dés. Détaillez le chou-fleur en très petits bouquets, et plongez-les dans de l'eau bouillante salée pendant 10 minutes. Égouttez soigneusement. Étalez la pâte au rouleau et tapissez-en une tourtière. Rangez dans le fond les petits bouquets de chou-fleur. Parsemez de gruyère râpé. Mettez dans le four pendant 10 minutes seulement. Retirez aussitôt. Pendant ce temps, battez le yaourt avec l'œuf et le lait concentré. Salez et poivrez. Ajoutez le jambon et versez ce mélange sur le chou-fleur. Remettez dans le four chaud, pendant 20 minutes encore. Servez très chaud.

**Idée menu** : si vous servez cette quiche en plat unique, présentez-la avec une salade croquante de romaine à l'huile d'olive.

# QUICHE À LA TOMATE, AU POIVRON ET AUX LARDONS

6 personnes ★

**Pâte :**
• 250 g de farine • 175 g de beurre • 5 cl de lait • 1 jaune d'œuf • sel *ou un rouleau de pâte brisée (rayon frais ou surgelés)*
**Garniture :**
• 1 tomate • 1 poivron • 150 g de lardons nature • 3 œufs • 20 cl de lait • sel, poivre

## Réalisation

Versez la farine dans un saladier, creusez un puits, ajoutez le sel et le beurre fractionné. Malaxez du bout des doigts et ajoutez le jaune d'œuf et le lait. Mélangez rapidement pour obtenir une pâte souple. Roulez en boule et recouvrez de film étirable. Laissez reposer au frais 3 heures, puis 15 minutes à température ambiante. Étalez la pâte sur une planche légèrement farinée et garnissez-en un moule à tarte beurré et fariné. Piquez à la fourchette et remettez au frais 30 minutes. Préchauffez le four th. 6 (180°C).
Battez les œufs en omelette dans un saladier,

ajoutez le lait, les lardons, salez, poivrez. Coupez la tomate en tranches fines, lavez et épépinez le poivron, émincez-le. Disposez tomate et poivron sur la pâte, versez dessus la garniture. Faites cuire pendant 30 minutes. Servez chaud.

**Idée menu :** servez cette tarte en entrée ou en plat principal avec une salade d'herbes composée de cerfeuil, de persil et de ciboulette assaisonnée au vinaigre de xérès.

## QUICHE AU CHOU

6 personnes ★

**Pâte :**
• 250 g de farine • 175 g de beurre • 5 cl de lait • 1 jaune d'œuf • sel *ou un rouleau de pâte brisée (rayon frais ou surgelés)*
**Garniture :**
• 6 feuilles de chou vert • 4 œufs • 20 cl de crème fraîche épaisse • 3 cuil. à soupe de lait • 80 g de comté râpé • 1 pincée de noix de muscade • sel, poivre

### Réalisation

Versez la farine dans un saladier, creusez un puits, ajoutez le sel et le beurre fractionné, malaxez du bout des doigts et ajoutez le lait et le jaune d'œuf. Pétrissez rapidement pour obtenir une pâte souple. Roulez en boule et recouvrez de film alimentaire. Laissez reposer au frais 3 heures, puis 15 minutes à température ambiante. Étalez la pâte, garnissez un moule à tarte beurré et fariné, piquez-la avec une fourchette, et mettez-la au réfrigérateur 30 minutes. Préchauffez le four th. 7 (210°C). Recouvrez la pâte d'un papier sulfurisé, remplissez-la de légumes secs et faites cuire pendant 10 minutes. Lavez les feuilles de chou, taillez-les en fines lanières, faites-les cuire pendant 3 minutes dans de l'eau bouillante salée, rafraîchissez-les, égouttez-les et épongez-les avec un papier absorbant. Versez la crème dans un saladier, incorporez les œufs un par un, ajoutez le lait, salez, poivrez, parsemez de muscade. Saupoudrez le fond de tarte de comté râpé. Répartissez le chou sur le fromage, puis versez le mélange crème-œufs. Faites cuire à four chaud th. 8 (240°C) pendant 20 minutes.

**Idée menu :** servez cette quiche avec des saucisses fumées pochées.

# QUICHE AU SAUMON FUMÉ

**6 personnes** ★

**Pâte :**
• 250 g de farine • 175 g de beurre • 5 cl de lait • 1 jaune d'œuf • sel *ou un rouleau de pâte brisée (rayon frais ou surgelés)*
**Garniture :**
• 600 g de saumon fumé • 4 œufs • 20 cl de crème fraîche • 1/2 bouquet d'aneth • poivre

## Réalisation

Versez la farine dans un saladier, faites un puits, mettez une pincée de sel et le beurre fractionné, malaxez rapidement à la main. Ajoutez le jaune d'œuf et le lait, pétrissez pour obtenir une pâte souple. Laissez-la reposer en boule recouverte de film alimentaire pendant au moins 3 heures au réfrigérateur. Sortez la pâte, laissez-la à température ambiante pendant 15 minutes, puis étalez-la sur une planche farinée. Garnissez-en un moule à tarte beurré et fariné, piquez la pâte de quelques coups de fourchette et replacez au frais 30 minutes. Préchauffez le four th. 6 (180°C).

Battez les œufs en omelette avec la crème, poivrez, ajoutez le saumon coupé en dés et l'aneth ciselée. Versez la préparation sur le fond de tarte et faites cuire pendant 30 minutes. Servez chaud ou tiède.

**Idée menu :** proposez avec cette quiche une salade de fenouils : émincez finement 6 fenouils crus, assaisonnez-les d'une vinaigrette à l'huile d'olive et saupoudrez-les de cumin.

## QUICHE AU THON

6 personnes ★

**Pâte :**
• 250 g de farine • 175 g de beurre • 1 jaune d'œuf • 5 cl de lait • sel *ou un rouleau de pâte brisée (rayon frais ou surgelés)*
**Garniture :**
• 1 boîte de 400 g de thon au naturel • 4 œufs • 20 cl de crème • 10 cl de lait • 1/2 bouquet de ciboulette • sel, poivre

### Réalisation

Préparez la pâte en mélangeant dans un saladier la farine, le sel et le beurre coupé en morceaux, puis ajoutez le lait et le jaune d'œuf. Malaxez à la

main pour obtenir une pâte souple. Laissez-la reposer au frais 3 heures, enveloppée dans un film alimentaire. Sortez-la du réfrigérateur 15 minutes avant de l'étendre. Garnissez un moule beurré et fariné avec la pâte, piquez-la de coups de fourchette. Remettez-la au frais 30 minutes. Préchauffez le four th. 6 (180°C).
Battez les œufs en omelette dans un saladier, ajoutez le thon bien égoutté et émietté, le lait, la crème et la ciboulette ciselée. Salez, poivrez, mélangez bien. Versez la préparation sur le fond de tarte et faites cuire pendant 30 minutes. Servez froid.

**Idée menu :** accompagnez cette quiche d'une sauce faite de crème liquide avec un trait de jus de citron, du sel, du poivre et de la ciboulette ciselée.

# QUICHE AUX POIREAUX ET AUX LARDONS

6 personnes ★

**Pâte :**
• 250 g de farine • 175 g de beurre • 1 jaune d'œuf • 5 cl de lait • sel *ou un rouleau de pâte brisée (rayon frais ou surgelés)*

**Garniture :**
• 1 kg de poireaux • 125 g de lardons fumés • 3 œufs • 20 cl de lait • 10 cl de crème • 25 g de beurre • sel, poivre

## Réalisation

Versez la farine dans un saladier, creusez un puits, ajoutez le beurre coupé en petits morceaux et une pincée de sel. Pétrissez rapidement et ajoutez le lait et le jaune d'œuf pour obtenir une pâte souple. Formez une boule, enveloppez-la de film alimentaire et placez-la 3 heures au réfrigérateur. Sortez la pâte et laissez-la reposer 15 minutes à température ambiante. Étendez-la et garnissez-en un moule à tarte beurré et fariné. Piquez la pâte à la fourchette, remettez-la au réfrigérateur pendant 30 minutes. Préchauffez le four th. 6 (180°C).

Épluchez les poireaux, lavez-les soigneusement et coupez-les en rondelles. Faites-les étuver dans une casserole avec le beurre. Retirez-les, mettez à la place les lardons, laissez-les revenir pendant 5 minutes. Battez les œufs dans un saladier avec le lait et la crème, ajoutez les poireaux et les lardons finement coupés, salez, poivrez. Versez le mélange dans le moule et faites cuire pendant 30 minutes. Servez chaud.

**Idée menu :** proposez par exemple, en accompagnement, une salade de radis noir et de carottes râpés.

## QUICHE LORRAINE

6 personnes ★

**Pâte :**
• 250 g de farine • 175 g de beurre • 1 jaune d'œuf • 5 cl de lait • sel *ou un rouleau de pâte brisée (rayon frais ou surgelés)*
**Garniture :**
• 6 œufs • 125 g de lardons fumés • 100 g de fromage râpé • 20 cl de lait • sel, poivre

**Réalisation**

Versez la farine dans un saladier, creusez un puits dans lequel vous mettez le beurre coupé en petits morceaux et une pincée de sel. Pétrissez rapidement et ajoutez le jaune d'œuf et le lait pour obtenir une pâte souple. Formez une boule, enveloppez-la de film alimentaire et placez-la 3 heures au réfrigérateur. Sortez la pâte et laissez-la reposer 15 minutes à température ambiante. Étendez-la et garnissez-en une tourtière beurrée et farinée. Piquez la pâte à la fourchette, remettez-la au réfrigérateur pendant 30 minutes. Préchauffez le four th. 6 (180°C). Battez les œufs en omelette dans un saladier, ajoutez les lardons, le fromage râpé, le lait, salez, poivrez et versez la préparation sur la pâte. Mettez au four pendant 30 minutes.

**Idée menu :** accompagnez cette quiche d'une salade de carottes, céleri et chou blanc râpés saupoudrés de cumin.

# TARTE À LA PROVENÇALE

**6 personnes** ★★

**Pâte :**
• 200 g de farine • 150 g de beurre • sel *ou un rouleau de pâte feuilletée (rayon frais ou surgelés)*
**Garniture :**
• 2 tomates • 1 aubergine • 1 poivron vert • 1 gros oignon • 2 œufs • 20 cl de lait • 1 cuil. à café de thym • 2 cuil. à soupe d'huile d'olive • sel, poivre

## Réalisation

Faites dissoudre 2 pincées de sel dans un verre d'eau. Mettez la farine dans un saladier, creusez un puits, versez l'eau salée, mélangez rapidement à la main. Laissez reposer à température ambiante pendant 20 minutes. Étalez la pâte sur une planche farinée, mettez au centre le beurre coupé en très petits morc
bords de la pâte sur le beurr
en forme de rectangle. Rep
trois comme un portefeuil
d'un quart de tour vers la drc
leau en rectangle et repliez
précédemment. Recouvrez-

laissez-la reposer 20 minutes. Renouvelez cette opération encore deux fois, puis laissez reposer la pâte 20 minutes. Recommencez encore deux fois. Préchauffez le four th. 8 (240°C).
Lavez les tomates, l'aubergine, le poivron et coupez-les en morceaux. Épluchez l'oignon et émincez-le. Faites revenir les légumes dans l'huile d'olive, salez, poivrez. Étendez la pâte dans un moule à tarte beurré et fariné, piquez-la à la fourchette. Dans un bol, mélangez les œufs et le lait. Répartissez les légumes sur le fond de tarte, versez le mélange œufs-lait. Saupoudrez de thym et faites cuire à four chaud pendant 30 minutes.

**Idée menu :** servez cette tarte en entrée ou en accompagnement de jambon ou de viande froide.

# TARTE À LA TOMATE ET À L'ORIGAN

6 personnes ★

**Pâte :**
• 300 g de farine • 15 cl de lait • 30 g de levure • 10 cl d'huile d'olive • sel
**Garniture :**
• 1 kg de tomates • 1 botte de basilic • 2 cuil. à soupe d'origan • 100 g d'olives noires • 2 cuil. à soupe d'huile d'olive • sel, poivre

## Réalisation

Versez la levure dans une tasse, ajoutez 2 cuillerées à soupe de lait et laissez dissoudre. Pendant ce temps, mélangez dans un saladier la farine, le reste de lait et l'huile. Ajoutez une pincée de sel, puis la levure. Malaxez rapidement, puis mettez au frais pendant 3 heures. Étalez la pâte dans un moule à tarte beurré et fariné, remettez-la au frais 30 minutes. Préchauffez le four th. 7 (210°C). Lavez les tomates, coupez-les en quartiers, puis chaque quartier en deux. Disposez-les sur la pâte, salez et poivrez, saupoudrez d'origan et arrosez d'un filet d'huile d'olive. Faites cuire pendant 30 minutes. Garnissez avec les olives noires et le basilic ciselé. Servez chaud ou tiède.

**Idée menu** : servez cette tarte en entrée, ou en plat principal, accompagnée de tranches de jambon cru et d'une salade de roquette au parmesan assaisonnée d'huile d'olive.

## TARTE À LA TOMATE ET AU COMTÉ

6 personnes ★

**Pâte** :
• 250 g de farine • 175 g de beurre • 1 jaune d'œuf • 5 cl de lait • sel *ou un rouleau de pâte brisée (rayon frais ou surgelés)*
**Garniture** :
• 800 g de tomates • 200 g de comté • 2 cuil. à soupe de moutarde • 2 cuil. à soupe d'huile d'olive • sel, poivre

### Réalisation

Disposez la farine en puits dans un saladier, ajoutez une pincée de sel et le beurre coupé en morceaux. Pétrissez rapidement et ajoutez le jaune d'œuf battu et le lait. Mélangez. Formez une boule, enveloppez-la dans du film alimentaire et laissez-la reposer au frais pendant 3 heures. Sortez la pâte du réfrigérateur 15 minutes avant de l'étendre. Étalez la pâte dans

un moule à tarte beurré et fariné, piquez-la de quelques coups de fourchette et mettez-la au frais 30 minutes. Préchauffez le four th. 6 (180°C).
Coupez les tomates en rondelles et le comté en fines lamelles. Faites revenir les tomates à l'huile d'olive, salez, poivrez. Tartinez le fond de tarte de moutarde, recouvrez de lamelles de comté puis de rondelles de tomates. Faites cuire pendant 30 minutes. Servez chaud.

**Idée menu :** servez cette tarte en accompagnement de viande froide ou de jambon cru et cuit.

## TARTE AU BEAUFORT

**6** personnes ★

**Pâte :**
• 250 g de farine • 175 g de beurre • 5 cl de lait • 1 jaune d'œuf • sel *ou un rouleau de pâte brisée (rayon frais ou surgelés)*
**Garniture :**
• 500 g de beaufort • 4 œufs • 50 cl de crème fraîche • sel, poivre

**Réalisation**

Disposez la farine dans un saladier, faites un puits et versez au centre le beurre fractionné et une pincée de sel. Malaxez rapidement à la main, ajoutez le lait et le jaune d'œuf. Mélangez jusqu'à obtention d'une pâte souple. Mettez en boule, entourez-la de film étirable et laissez reposer au frais 3 heures. Sortez la pâte du réfrigérateur et laissez-la à température ambiante pendant 15 minutes avant de l'étaler sur une planche farinée. Beurrez et farinez un moule à tarte, tapissez-le avec la pâte, piquez-la à la fourchette, recouvrez-la d'un papier sulfurisé et de haricots secs pour qu'elle ne se boursoufle pas à la cuisson, et enfournez pendant 10 minutes th. 6 (180°C). Pendant ce temps, préparez la crème au fromage : râpez le beaufort et mettez-le dans un saladier. Séparez les jaunes d'œufs des blancs. Ajoutez au fromage les jaunes d'œufs, la crème, salez, poivrez et mélangez bien. Battez les blancs en neige avec une pincée de sel et incorporez-les au mélange avec précaution. Versez dans le moule. Faites cuire au four pendant 30 minutes en surveillant la cuisson.

**Idée menu :** servez cette tarte en plat unique accompagnée d'une salade feuille de chêne au vinaigre de noix. Pour un dîner plus copieux, vous la proposerez en entrée, suivie de viande froide et d'une salade.

## TARTE AU CANTAL

6 personnes ★

**Pâte :**
• 250 g de farine • 175 g de beurre • 1 jaune d'œuf • 5 cl de lait • sel *ou un rouleau de pâte brisée (rayon frais ou surgelés)*
**Garniture :**
• 400 g de cantal • 20 cl de crème fraîche • 10 cl de lait
• 1 cuil. à café de paprika • sel, poivre

### Réalisation

Versez la farine en puits dans un saladier, ajoutez le beurre fractionné avec une pincée de sel. Malaxez à la main, puis ajoutez le lait et le jaune d'œuf. Pétrissez rapidement pour obtenir une pâte homogène. Laissez reposer en boule recouverte de film alimentaire pendant 3 heures au frais. Sortez la pâte et attendez 15 minutes

avant de l'étaler sur une planche légèrement farinée. Étendez-la dans un moule à tarte beurré et fariné, piquez-la à la fourchette et replacez au réfrigérateur pendant 30 minutes. Préchauffez le four th. 6 (180°C).
Râpez le cantal, ajoutez la crème, le lait, le paprika, le sel et le poivre. Mélangez bien. Garnissez le fond de tarte avec la préparation. Faites cuire 30 minutes. Servez chaud ou tiède.

**Idée menu :** comme toutes les tartes au fromage, la tarte au cantal est nourrissante. Accompagnez-la, par exemple, d'une salade composée de laitue et de rougette assaisonnée de vinaigre balsamique et d'huile d'olive.

## TARTE AU CHÈVRE ET À L'ESTRAGON

**6 personnes** ★

**Pâte :**
• 250 g de farine • 175 g de beurre • 1 jaune d'œuf • 5 cl de lait • sel *ou un rouleau de pâte brisée (rayon frais ou surgelés)*
**Garniture :**
• 4 œufs • 3 petits chèvres type crottins de Chavignol • 3 branches d'estragon • 1 pincée de poivre de Cayenne • sel

**Réalisation**
Versez la farine en puits dans un saladier, ajoutez le beurre fractionné et une pincée de sel. Mélangez rapidement à la main, puis ajoutez le lait et le jaune d'œuf et malaxez pour obtenir une pâte souple. Mettez en boule, enveloppez dans un film alimentaire et laissez reposer 3 heures au réfrigérateur. Sortez la pâte, et laissez-la à température ambiante pendant 15 minutes. Étalez la pâte sur une planche farinée, étendez-la sur un moule à tarte beurré et fariné, piquez-la à la fourchette, replacez au frais pendant 30 minutes. Préchauffez le four th. 6 (180°C).
Battez les œufs, assaisonnez de poivre de Cayenne et de sel, ajoutez l'estragon ciselé. Coupez les fromages de chèvre en dés. Versez la préparation dans le fond de tarte et répartissez les dés de chèvre. Faites cuire au four pendant 30 minutes. Servez chaud.

**Idée menu** : accompagnez d'une salade de tomates à l'huile d'olive.

# TARTE AU CHÈVRE ET AU CRESSON

6 personnes ★

**Pâte :**
• 250 g de farine • 175 g de beurre • 1 jaune d'œuf • 5 cl de lait • sel *ou un rouleau de pâte brisée (rayon frais ou surgelés)*

**Garniture :**
• 6 petits chèvres frais • 4 œufs • 1 botte de cresson • 20 cl de crème fraîche liquide • 15 cl de lait entier • sel, poivre

## Réalisation

Mettez la farine dans un saladier, creusez un puits, ajoutez le beurre coupé en petits morceaux et une pincée de sel. Malaxez rapidement à la main, ajoutez le lait et le jaune d'œuf, pétrissez encore, formez une boule et enveloppez-la dans un film alimentaire. Mettez-la au frais 3 heures. Sortez-la du réfrigérateur 15 minutes avant de la travailler. Étalez la pâte sur une planche légèrement farinée, étendez-la sur un moule beurré et fariné. Piquez la pâte à la fourchette et remettez-la au frais 30 minutes. Préchauffez le four th. 6 (180°C). Recouvrez le fond de tarte de papier sulfurisé et de haricots secs et faites cuire « à blanc » pendant 10 minutes.

Pendant ce temps, épluchez et lavez le cresson, essorez-le bien dans un torchon, effeuillez-le. Battez les œufs avec la crème et le lait, salez, poivrez, émiettez les fromages et ajoutez-les. Disposez les feuilles de cresson au fond du moule, recouvrez avec la crème au chèvre. Faites cuire 25 minutes. Servez chaud ou tiède.

**Idée menu :** accompagnez cette tarte servie en plat principal d'une salade de champignons assaisonnés au citron et à la crème.

## TARTE AU SAUMON ET AUX ÉPINARDS

6 personnes ★

**Pâte :**
• 250 g de farine • 125 g de beurre • 5 cl de lait • 1 œuf • sel
*ou un rouleau de pâte brisée (rayon frais ou surgelés)*
**Garniture :**
• 500 g de filet de saumon frais • 400 g d'épinards en branches • 4 œufs • 20 cl de crème fraîche liquide • 15 cl de lait • sel, poivre

### Réalisation

Mettez la farine dans un saladier, creusez un

puits, mettez au centre le beurre coupé en petits morceaux et une pincée de sel. Malaxez à la main, ajoutez le lait et le jaune d'œuf, pétrissez rapidement. Formez une boule, enveloppez-la dans un film alimentaire et mettez-la au frais 3 heures. Sortez-la du réfrigérateur 15 minutes avant de la travailler. Étalez la pâte sur une planche légèrement farinée, étendez-la sur un moule beurré et fariné. Piquez la pâte à la fourchette et remettez-la au frais 30 minutes. Préchauffez le four th. 6 (180°C). Recouvrez le fond de tarte de papier sulfurisé et de haricots secs et faites cuire « à blanc » pendant 10 minutes. Faites blanchir les épinards dans de l'eau bouillante salée, rafraîchissez-les, égouttez-les. Coupez le saumon en fines lanières. Battez dans un saladier la crème liquide, le lait, les œufs, salez, poivrez. Disposez les épinards sur le fond de tarte, répartissez les lanières de saumon et recouvrez de crème. Faites cuire pendant 35 minutes. Servez chaud.

**Idée menu :** accompagnez cette tarte d'une sauce crème au citron et à la ciboulette.

# TARTE AUX CHAMPIGNONS

6 personnes ★

**Pâte :**
• 250 g de farine • 175 g de beurre • 5 cl de lait • 1 jaune d'œuf • sel *ou un rouleau de pâte brisée (rayon frais ou surgelés)*
**Garniture :**
• 500 g de champignons • 80 g de beurre • 2 cuil. à soupe de farine • 20 cl de lait • 1 jaune d'œuf • 1 citron • 20 cl de crème • 1 pincée de noix de muscade • sel, poivre

## Réalisation

Disposez la farine dans un saladier, faites un puits et versez au centre le beurre fractionné et une pincée de sel. Malaxez rapidement à la main en ajoutant le lait et le jaune d'œuf. Mélangez jusqu'à obtention d'une pâte souple. Mettez en boule, enveloppez dans du film étirable et laissez reposer au frais 3 heures, puis sortez la pâte et attendez 15 minutes avant de l'étaler sur une planche légèrement farinée. Beurrez et farinez un moule à tarte, tapissez-le avec la pâte piquée de quelques coups de fourchette. Remettez-la 30 minutes au réfrigérateur. Préchauffez le four th. 6 (180°C).

Recouvrez la pâte d'un papier sulfurisé et de haricots secs pour qu'elle ne se boursoufle pas à la cuisson, et enfournez pendant 10 minutes. Pendant ce temps, lavez les champignons à grande eau, épongez-les bien dans un torchon, émincez-les. Faites-les revenir à la poêle dans 20 g de beurre. Dès qu'ils ont rendu leur eau, saupoudrez-les de farine et mouillez avec le lait. Mélangez bien et laissez cuire 5 minutes. Hors du feu, ajoutez le jaune d'œuf délayé avec la crème et le jus de citron, salez, poivrez, et ajoutez la noix de muscade. Versez le mélange sur le fond de tarte et faites cuire pendant 20 minutes. Servez chaud.

**Idée menu :** cette tarte est excellente en entrée, suivie d'une grillade ou d'un poisson poché. Elle représente aussi un bon plat unique pour un dîner léger, accompagnée d'une salade de crudités.

## TARTE AUX CINQ FROMAGES

**6 personnes** ★

**Pâte :**
• 250 g de farine • 175 g de beurre • 1 jaune d'œuf • 5 cl de lait • sel *ou un rouleau de pâte brisée (rayon frais ou surgelés)*
**Garniture :**
• 4 œufs • 100 g d'emmental • 100 g de bleu de Bresse • 60 g de comté • 60 g de fromage des Pyrénées • 40 g d'Etorki • 20 cl de lait • 20 cl de crème • 1 bouquet de ciboulette • sel, poivre

### Réalisation

Versez dans un saladier la farine, ajoutez le beurre coupé en petits morceaux et une pincée de sel, puis le jaune d'œuf et le lait. Mélangez rapidement du bout des doigts en ajoutant un peu d'eau pour obtenir une pâte souple. Formez une boule, enveloppez-la de film étirable. Laissez reposer pendant 3 heures au frais, puis mettez à température ambiante pendant 15 minutes. Étalez la pâte et garnissez-en un moule à tarte beurré et fariné. Piquez la pâte à la fourchette et replacez au frais pendant 30 minutes.
Préchauffez le four th. 6 (180°C) et préparez la

garniture. Écrasez le bleu, râpez les autres fromages. Battez les œufs en omelette, ajoutez le lait, la crème et la ciboulette ciselée. Salez, poivrez. Saupoudrez 2 cuillerées à soupe de fromage râpé sur le fond de tarte, et réservez-en 2 cuillerées à soupe.

Ajoutez le reste au mélange œufs-crème, et versez l'ensemble sur la pâte. Saupoudrez avec le râpé restant. Faites cuire pendant 30 minutes. Servez chaud.

**Idée menu :** accompagnez d'une salade d'herbes (recette page 21).

## TARTE AUX COURGETTES ET AU CHÈVRE

**6 personnes** ★

**Pâte :**
• 250 g de farine • 175 g de beurre • 1 jaune d'œuf • 5 cl de lait • sel *ou un rouleau de pâte brisée (rayon frais ou surgelés)*

**Garniture :**
• 500 g de courgettes • 300 g de chèvre frais • 3 œufs • 1 bouquet de ciboulette • sel, poivre

**Réalisation**

Versez la farine en puits dans un saladier, malaxez du bout des doigts avec le beurre coupé en morceaux et une pincée de sel. Ajoutez le lait et le jaune d'œuf et pétrissez afin d'obtenir une pâte souple. Mettez en boule, recouvrez de film étirable et mettez 3 heures au réfrigérateur. Sortez la pâte et laissez-la reposer à température ambiante avant de l'étaler sur une planche farinée. Garnissez-en un moule à tarte, piquez à la fourchette et remettez au frais 30 minutes. Préchauffez le four th. 6 (180°C).

Lavez les courgettes et coupez-les en tranches fines. Faites-les cuire à l'eau bouillante pendant 10 minutes et égouttez-les à fond. Réservez. Battez les œufs entiers avec la ciboulette ciselée, salez, poivrez. Coupez les fromages en tranches. Disposez dans le fond du moule les rondelles de courgettes, arrosez avec les œufs battus et recouvrez avec les tranches de chèvre. Faites cuire pendant 30 minutes.

**Idée menu :** accompagnez cette tarte servie d'une salade de tomate et de roquette à l'huile d'olive et à l'ail.

# TARTE AUX ÉPINARDS

**6 personnes** ★

**Pâte :**
• 250 g de farine • 175 g de beurre • 1 jaune d'œuf • 5 cl de lait • sel *ou un rouleau de pâte brisée (rayon frais ou surgelés)*

**Garniture :**
• 1,5 kg d'épinards • 4 œufs • 20 cl de crème fraîche • sel, poivre

## Réalisation

Versez la farine dans un saladier, formez un puits, ajoutez le beurre coupé en morceaux et une pincée de sel. Pétrissez rapidement à la main et ajoutez le lait et le jaune d'œuf. Formez une boule, enveloppez-la de film alimentaire et faites-la reposer pendant 3 heures au réfrigérateur. Sortez la pâte, laissez-la à température ambiante pendant 15 minutes. Étalez la pâte sur une planche farinée, garnissez-en un moule à tarte beurré et fariné. Piquez de quelques coups de fourchette. Replacez-la au réfrigérateur pendant 30 minutes.

Pendant ce temps, préchauffez le four th. 6

(180°C) et préparez la garniture. Équeutez, lavez les épinards et faites-les pocher à l'eau bouillante salée pendant 3 minutes. Essorez-les à fond. Battez les œufs en omelette avec la crème, ajoutez les épinards, salez et poivrez généreusement. Répartissez la garniture sur le fond de tarte et faites cuire au four pendant 30 minutes.

**Idée menu :** cette tarte peut donner une note originale à un rôti de veau braisé, par exemple. Accompagnez d'une sauce madère ou d'une sauce au porto.

## TARTE AUX HERBES

6 personnes ★

**Pâte :**
• 250 g de farine • 4 cuil. à soupe d'huile d'olive • sel
**Garniture :**
• 4 œufs • 500 g de vert de bettes • 1 oignon • 1 bouquet de persil plat • 1 bouquet de cerfeuil • 1 bouquet de ciboulette • 2 cuil. à soupe d'huile d'olive • sel, poivre

### Réalisation

Malaxez à la main la farine avec l'huile et une

pincée de sel en ajoutant un peu d'eau afin d'obtenir une pâte souple. Laissez-la reposer au frais pendant 3 heures, recouverte de film alimentaire.
Étalez la pâte, disposez-la dans un moule à tarte beurré et fariné, piquez-la de coups de fourchette, et remettez-la au réfrigérateur pendant 30 minutes.
Préchauffez le four th. 6 (180°C) et préparez la garniture. Épluchez et hachez l'oignon, émincez les bettes. Faites chauffer l'huile dans une casserole, et faites revenir l'oignon et les bettes à feu doux. Battez les œufs en omelette, ajoutez les herbes ciselées, le mélange bettes-oignon, salez, poivrez généreusement. Répartissez la garniture sur la pâte. Faites cuire pendant 30 minutes. Servez chaud.

**Idée menu :** proposez cette tarte en entrée, ou en accompagnement de charcuterie ou de viande froide.

# TARTE AUX OIGNONS

6 personnes ★

**Pâte :**
• 250 g de farine • 175 g de beurre • 1 jaune d'œuf • 5 cl de lait • sel *ou un rouleau de pâte brisée (rayon frais ou surgelés)*
**Garniture :**
• 4 œufs • 20 cl de lait • 1 kg d'oignons frais ou surgelés • 100 g de fromage râpé • 2 cuil. à soupe d'huile d'olive • sel, poivre

## Réalisation

Versez la farine en puits dans un saladier, ajoutez le beurre fractionné, une pincée de sel et travaillez rapidement à la main, puis ajoutez le lait et le jaune d'œuf, et pétrissez jusqu'à obtention d'une pâte souple. Mettez en boule, recouvrez de film étirable et placez au réfrigérateur pendant 3 heures. Sortez la pâte et laissez-la reposer à température ambiante pendant 15 minutes. Étalez-la sur une planche légèrement farinée, disposez-la dans un moule à tarte beurré et fariné, piquez-la à la fourchette et remettez-la au réfrigérateur pendant 30 minutes. Préchauffez le four th. 6 (180°C).

Épluchez et émincez les oignons, faites-les fondre à feu doux dans l'huile d'olive. Battez les œufs en omelette, salez, poivrez, ajoutez le lait puis les oignons. Répartissez la garniture sur la pâte, saupoudrez de fromage râpé et faites cuire pendant 30 minutes.

**Idée menu :** servez cette tarte rustique en entrée ou en plat principal avec, par exemple, une salade de mâche aux magrets de canard fumés.

## TARTE AUX POIREAUX

6 personnes ★

**Pâte :**
• 250 g de farine • 175 g de beurre • 1 jaune d'œuf • 5 cl de lait • sel *ou un rouleau de pâte brisée (rayon frais ou surgelés)*
**Garniture :**
• 1 kg de poireaux • 50 cl de lait • 50 g de beurre • 2 œufs • 1 cuil. à soupe de farine • sel, poivre

### Réalisation

Mettez la farine avec une pincée de sel dans un

saladier, faites un puits et ajoutez le beurre fractionné. Malaxez du bout des doigts puis ajoutez le lait et le jaune d'œuf et pétrissez rapidement pour obtenir une pâte souple. Roulez en boule, enveloppez dans du film étirable et laissez reposer 3 heures au réfrigérateur. Sortez la pâte et laissez-la à température ambiante 15 minutes avant de la travailler. Étalez la pâte sur une planche farinée, étendez-la dans un moule à tarte beurré et fariné, piquez-la de quelques coups de fourchette et remettez-la au frais pendant 30 minutes.

Pendant ce temps, préchauffez le four th. 6 (180°C) et préparez les poireaux. Épluchez-les, lavez-les à grande eau, épongez-les et coupez-les en julienne. Faites fondre le beurre dans une sauteuse, ajoutez les poireaux, salez, poivrez et laissez-les cuire pendant 15 minutes à feu très doux. Saupoudrez de farine, mélangez bien et versez petit à petit le lait sans cesser de remuer. Hors du feu, ajoutez les œufs battus en omelette. Versez la préparation dans le moule.

Et faites cuire à four chaud pendant 30 minutes.

**Idée menu :** servez cette tarte en entrée, ou en accompagnement de viande froide, jambon cru, charcuterie.

## TARTE DE POMMES DE TERRE AU MUNSTER

**6 personnes** ★

**Pâte :**
• 250 g de farine • 175 g de beurre • 1 jaune d'œuf • 5 cl de lait • sel *ou un rouleau de pâte brisée (rayon frais ou surgelés)*
**Garniture :**
• 1 munster fermier • 1,5 kg de pommes de terre • 150 g de beurre • 1 cuil. à café de cumin • sel, poivre

### Réalisation

Versez la farine dans un saladier, faites un puits, ajoutez le beurre fractionné et une pincée de sel. Travaillez rapidement la pâte, incorporez le lait et le jaune d'œuf, pétrissez et roulez en boule. Enveloppez-la dans du film étirable et mettez-la au frais pendant 3 heures. Sortez-la du réfrigérateur, puis laissez-la reposer 15 minutes. Étalez la pâte, garnissez-en une tourtière beurrée et farinée, piquez de quelques coups de

fourchette et remettez au frais 30 minutes. Préchauffez le four th. 6 (180°C).
Épluchez les pommes de terre, lavez-les, essuyez-les et coupez-les en rondelles. Réservez-les dans un saladier. Faites fondre le beurre à feu doux et versez-le sur les rondelles de pommes de terre. Mélangez bien pour qu'elles soient toutes enrobées. Salez, poivrez. Disposez-les en rosace sur le fond de tarte. Faites cuire à four chaud pendant 30 minutes. Grattez le munster et coupez-le en lamelles, disposez-le sur les pommes de terre. Saupoudrez de cumin et remettez au four pendant 10 minutes. Vérifiez la cuisson des pommes de terre, couvrez le plat d'un papier aluminium si la tarte dore trop vite.

**Idée menu** : servez avec une scarole agrémentée de petits oignons verts ciselés.

# TARTE FINE À LA TOMATE ET AU PISTOU

6 personnes ★

**Pâte :**
• 200 g de farine • 150 g de beurre • sel *ou un rouleau de pâte feuilletée (rayon frais ou surgelés)*
**Garniture :**
• 600 g de tomates • 1/2 bouquet de basilic • 40 g de parmesan • 5 cl d'huile d'olive • 1 cuil. à café de thym • sel, poivre

## Réalisation

Faites dissoudre 2 pincées de sel dans un verre d'eau. Mettez la farine dans un saladier, creusez un puits, versez l'eau salée, mélangez rapidement à la main. Laissez reposer à température ambiante pendant 20 minutes. Étalez la pâte sur une planche farinée, mettez au centre le beurre coupé en très petits morceaux. Rabattez les bords de la pâte sur le beurre. Étalez au rouleau en forme de rectangle. Repliez le rectangle en trois comme un portefeuille. Tournez la pâte d'un quart de tour vers la droite, étalez-la au rouleau en rectangle et repliez-la en trois comme précédemment. Recouvrez-la d'un torchon et

laissez-la reposer 20 minutes. Renouvelez cet opération encore deux fois, puis laissez reposer la pâte 20 minutes. Recommencez encore deux fois. Étalez finement la pâte, garnissez-en un moule à tarte, piquez-la de quelques coups de fourchette. Préchauffez le four th. 8 (240°C). Épluchez les tomates, épépinez-les et coupez-les en tranches fines. Réservez. Préparez le pistou en mixant les feuilles de basilic avec l'huile d'olive et le parmesan, salez, poivrez. Badigeonnez la pâte d'une moitié de pistou, répartissez les tranches de tomate, recouvrez du reste de pistou et parsemez d'un peu de thym. Faites cuire à four chaud pendant 20 minutes. Servez chaud ou tiède.

**Idée menu :** servez en entrée, ou pour un dîner d'été léger avec une salade d'avocats au crabe. Coupez 3 avocats en tranches, disposez-les dans un plat creux, arrosez de jus de citron et d'huile d'olive, salez, poivrez, répartissez dessus des miettes de crabe au naturel.

# TE-MOZZARELLA

**Pâte :**
• 250 g de farine • 3 cuil. à soupe d'huile d'olive • 1 pincée de poivre de Cayenne • 1 bouquet de basilic • sel
**Garniture :**
• 1,5 kg de tomates • 250 g d'oignons • 1 boule de mozzarella • [illegible] cuil. à soupe d'huile d'olive • sel, poivre

## Réalisation

Malaxez à la main dans un saladier la farine avec l'huile, une pincée de sel et de poivre de Cayenne. Ajoutez petit à petit de l'eau pour obtenir une pâte souple. Hachez le basilic, ajoutez-le à la pâte. Laissez reposer au frais pendant 10 minutes au minimum. Étalez la pâte, garnissez-en un moule à tarte beurré, recouvrez de papier sulfurisé et mettez des haricots secs dans le fond pour que la pâte ne lève pas à la cuisson. Faites cuire « à blanc » pendant 25 minutes th. 6 (180°C).

Pendant ce temps, épluchez les oignons et hachez-les. Pelez les tomates, ôtez les graines, coupez-les en morceaux. Faites chauffer l'huile d'olive dans une poêle, mettez les oignons et les tomates à confire à feu doux. Salez, poivrez. Répartissez la purée de tomates et d'oignons sur le fond de tarte. Découpez la mozzarella en tranches fines, recouvrez-en la tarte et faites dorer au four th. 7/8 (225°C) pendant 5 minutes environ.

**Idée menu :** cette tarte originale s'accommode bien d'une salade de roquette au parmesan : disposez 600 g de roquette épluchée et lavée dans un plat creux, arrosez d'huile d'olive et saupoudrez de parmesan et de pignons de pin.

## TARTELETTES AUX CÈPES

6 personnes ★

**Pâte :**
• 200 g de farine • 150 g de beurre • sel *ou un rouleau de pâte feuilletée (rayon frais ou surgelés)*
**Garniture :**
• 600 g de cèpes • 2 oignons • 1 gousse d'ail • 1/4 bouquet de persil plat • 4 cuil. à soupe d'huile d'olive • sel, poivre

**Réalisation**

Faites dissoudre 2 pincées de sel dans un verre d'eau. Mettez la farine dans un saladier, creusez un puits, versez l'eau salée, mélangez rapidement à la main. Laissez reposer à température ambiante pendant 20 minutes. Étalez la pâte sur une planche farinée, mettez au centre le beurre coupé en très petits morceaux. Rabattez les bords de la pâte sur le beurre. Étalez au rouleau en forme de rectangle. Repliez le rectangle en trois comme un portefeuille. Tournez la pâte d'un quart de tour vers la droite, étalez-la au rouleau en rectangle et repliez-la en trois comme précédemment. Recouvrez-la d'un torchon et laissez-la reposer 20 minutes. Renouvelez cette opération encore deux fois, puis laissez reposer la pâte 20 minutes. Recommencez encore deux fois, puis étalez-la. Préchauffez le four th. 8 (240°C). Découpez la pâte feuilletée en six disques de la taille de vos moules à tartelettes. Garnissez-en les moules, piquez-les à la fourchette, placez des carrés de papier sulfurisé et des haricots secs sur la pâte et faites précuire 5 minutes au four.

Épluchez l'ail et les oignons, hachez-les. Lavez les cèpes, épongez-les et coupez-les en morceaux. Versez l'huile dans une poêle, ajoutez l'ail, l'oignon, les cèpes, salez, poivrez et faites revenir à feu doux. Dès que les champignons ont rendu leur eau, disposez-les sur les fonds de tartelettes, et faites cuire au four th. 7 (210°C) pendant 15 minutes. Saupoudrez de persil ciselé avant de servir.

**Idée menu :** ces tartelettes constituent une entrée raffinée, mais vous pouvez aussi les servir avec un rôti de veau ou des œufs brouillés.

## TATIN DE TOMATES

**6** personnes ★

**Pâte :**
• 200 g de farine • 170 g de beurre • 1 œuf • 1 cuil. à soupe d'origan • sel
**Garniture :**
1,2 kg de tomates • 40 g de sucre en poudre • 3 cuil. à soupe d'huile d'olive • 3 gousses d'ail • 1 cuil. à soupe d'origan • 1 feuille de laurier • sel, poivre

**Réalisation**

Versez la farine dans un saladier, ajoutez le beurre fractionné, l'œuf battu et une pincée de sel. Malaxez rapidement à la main, ajoutez l'origan. Formez une boule, recouvrez-la d'un film étirable et laissez reposer 3 heures au frais, puis 15 minutes à température ambiante. Préchauffez le four th. 6 (180°C).

Coupez les tomates en deux et épépinez-les. Épluchez l'ail et hachez-le. Versez l'huile et 30 g de sucre dans le moule à tarte. Faites caraméliser sur feu doux. Faites cuire les tomates pendant 20 minutes dans une sauteuse avec du sel, du poivre, l'ail haché, le reste d'origan et la feuille de laurier que vous ôterez en fin de cuisson. Égouttez-les en les pressant dans une passoire. Disposez-les dans le moule à tarte. Étalez la pâte et recouvrez-en les tomates.

Faites cuire pendant 30 minutes. Servez chaud ou tiède.

**Idée menu :** cette tatin est délicieuse avec des escalopes de veau grillées ou une volaille à la broche. Accompagnez-la d'une salade d'herbes (recette page 21).

# TOURTE À LA BRANDADE

6 personnes ★★

**Pâte :**
• 400 g de farine • 300 g de beurre • sel *ou deux rouleaux de pâte feuilletée (rayon frais ou surgelés)*
**Garniture :**
• 750 g de brandade de morue • 200 g d'épinards • 100 g d'olives noires dénoyautées • 4 gousses d'ail • 1 œuf • 2 cuil. à soupe de lait • 1 cuil. soupe d'huile d'olive • sel, poivre

## Réalisation

Faites dissoudre 2 pincées de sel dans un verre d'eau. Mettez la farine dans un saladier, creusez un puits, versez l'eau salée et mélangez rapidement à la main. Laissez reposer à température ambiante pendant 20 minutes. Étalez la pâte sur une planche farinée, mettez au centre le beurre coupé en très petits morceaux. Rabattez les bords de la pâte sur le beurre. Étalez au rouleau en forme de rectangle. Repliez le rectangle en trois comme un portefeuille. Tournez la pâte d'un quart de tour vers la droite, étalez-la au rouleau en rectangle et repliez-la en trois comme précédemment. Recouvrez-la d'un

torchon et laissez-la reposer 20 minutes. Renouvelez cette opération encore deux fois, puis laissez reposer la pâte 20 minutes. Recommencez encore deux fois. Séparez la pâte en deux parties. Étendez-les sur une planche farinée. Préchauffez le four th. 8 (240°C). Disposez un disque de pâte feuilletée dans une tourtière beurrée, recouvrez-la de papier sulfurisé et de haricots secs, puis faites cuire 15 minutes au four.
Épluchez les épinards et faites-les fondre dans l'huile d'olive, salez, poivrez. Épluchez l'ail, hachez-le avec les olives noires dénoyautées. Incorporez à la brandade. Étalez les épinards sur le fond de pâte cuite, répartissez la brandade. Recouvrez avec le deuxième disque de pâte feuilletée. Battez l'œuf avec le lait, dorez la pâte au pinceau avec ce mélange. Faites cuire pendant 20 minutes. Servez très chaud.

**Idée menu :** ce plat riche s'accommode très bien d'une salade de tomates au basilic et à l'huile d'olive.

# TOURTE ALSACIENNE

**6** personnes ★★

**Pâte :**
• 600 g de farine • 300 g de beurre • 2 jaunes d'œuf • 10 cl de lait • sel *ou un rouleau de pâte brisée (rayon frais ou surgelés)*
**Garniture :**
• 500 g de porc • 500 g de veau • 100 g de chair à saucisse
• 10 cl de vin blanc • 1 oignon • 1 bouquet de persil plat
• 1 cuil. à soupe de quatre-épices • sel, poivre

## Réalisation

Épluchez l'oignon et émincez-le. Coupez les viandes en petits dés et placez-les dans un saladier. Arrosez-les avec le vin blanc, salez, poivrez, ajoutez l'oignon et le quatre-épices, laissez mariner au frais pendant 2 heures.
Pendant ce temps, préparez la pâte : mettez la farine dans un saladier, ajoutez le beurre fractionné, une pincée de sel, un demi-verre d'eau et malaxez rapidement. Étalez, repliez la pâte en deux et gardez-la au frais pendant 30 minutes. Préchauffez le four th. 6 (180°C).
Lavez le persil, effeuillez-le et hachez-le. Dans un grand plat, mettez la chair à saucisse, les dés

de viande et le persil haché. Mélangez bien. Étalez la pâte, partagez-la en deux parties, 2/3 et 1/3. Beurrez généreusement une tourtière à bords hauts, tapissez le moule avec les 2/3 de la pâte en faisant largement dépasser les bords. Répartissez les viandes sur la pâte, rabattez les bords et recouvrez avec le reste de pâte. Creusez une cheminée, maintenez-la avec un petit carton roulé. Battez les jaunes d'œufs avec le lait, et dorez la pâte avec ce mélange. Faites cuire au four pendant 1 heure. Servez tiède.

**Idée menu :** cette tourte constitue le plat de résistance d'un repas reconstituant. Accompagnez-la de cornichons et d'oignons au vinaigre ainsi que de chutneys. Servez des crudités en entrée, et pour suivre, un dessert léger comme un sorbet ou des fruits frais.

# TOURTE AU JAMBON

6 personnes ★★

**Pâte :**
• 400 g de farine • 300 g de beurre • sel *ou deux rouleaux de pâte feuilletée (fraîche ou surgelée)*
**Garniture :**
• 8 tranches de jambon blanc • 300 g de champignons • 100 g d'oignons • 1 œuf • 50 g de beurre • 2 cuil. soupe de farine • 25 cl de lait • 60 g de gruyère râpé • sel, poivre

## Réalisation

Faites dissoudre 2 pincées de sel dans un verre d'eau. Mettez la farine dans un saladier, creusez un puits, versez l'eau salée, mélangez rapidement à la main. Laissez reposer à température ambiante pendant 20 minutes. Étalez la pâte sur une planche farinée, mettez au centre le beurre coupé en très petits morceaux. Rabattez les bords de la pâte sur le beurre. Étalez au rouleau en forme de rectangle. Repliez le rectangle en trois comme un portefeuille. Tournez la pâte d'un quart de tour vers la droite, étalez-la au rouleau en rectangle et repliez-la en trois comme précédemment. Recouvrez-la d'un torchon et

laissez-la reposer 20 minutes. Renouvelez cette opération encore deux fois, puis laissez reposer la pâte 20 minutes. Recommencez encore deux fois. Séparez la pâte en deux parties. Étendez-les sur une planche farinée. Préchauffez le four th. 8 (240°C). Étalez un disque de pâte sur la plaque du four humectée.
Épluchez les oignons et hachez-les. Lavez les champignons et émincez-les. Faites-les revenir doucement dans 10 g de beurre. Coupez le jambon en lanières. Préparez une béchamel : faites fondre le reste de beurre, ajoutez la farine, salez, poivrez, mélangez bien puis versez le lait sans cesser de tourner jusqu'à épaississement. Retirez du feu, ajoutez le fromage râpé et le jambon. Répartissez la préparation sur le fond de pâte, recouvrez avec le deuxième disque. Soudez bien les bords. Battez l'œuf avec 2 cuillerées à soupe de lait, badigeonnez-en la pâte au pinceau. Percez le dessus de la tourte de quelques coups de couteau. Faites cuire pendant 20 minutes à four chaud th. 7 (210°C). Servez chaud ou tiède.

**Idée menu :** proposez, par exemple, une salade d'épinards frais :

ciselez 800 g de feuilles d'épinards, mettez-les dans un saladier, émiettez dessus 150 g de roquefort et assaisonnez de vinaigrette à l'huile de noix.

## TOURTE AU REBLOCHON

6 personnes ★★

**Pâte :**
• 400 g de farine • 300 g de beurre • sel *ou deux rouleaux de pâte feuilletée (fraîche ou surgelée)*
**Garniture :**
• 1 reblochon • 1 œuf • 2 cuil. à soupe de lait

### Réalisation

Faites dissoudre 2 pincées de sel dans un verre d'eau. Mettez la farine dans un saladier, creusez un puits, versez l'eau salée, mélangez rapidement à la main. Laissez reposer à température ambiante pendant 20 minutes. Étalez la pâte sur une planche farinée, mettez au centre le beurre coupé en très petits morceaux. Rabattez les bords de la pâte sur le beurre. Étalez au rouleau en forme de rectangle. Repliez le rectangle en trois comme un portefeuille. Tournez la pâte

d'un quart de tour vers la droite, étalez-la au rouleau en rectangle et repliez-la en trois comme précédemment. Recouvrez-la d'un torchon et laissez-la reposer 20 minutes. Renouvelez cette opération encore deux fois, puis laissez reposer la pâte 20 minutes. Recommencez encore deux fois. Séparez la pâte en deux parties. Étendez-les sur une planche farinée. Étalez un disque de pâte dans une tourtière beurrée. Préchauffez le four th. 8 (240°C).
Lavez le reblochon, essuyez-le et posez-le sur le fond de tarte, recouvrez-le avec le deuxième fond en soudant bien les bords. Battez l'œuf avec le lait et badigeonnez-en généreusement la pâte au pinceau. Faites cuire pendant 30 minutes à four chaud.

**Idée menu :** accompagnez cette tourte de tranches de jambon de pays et d'une salade verte à l'huile de noisettes.

# TOURTE AU SAUMON

6 personnes ★★

**Pâte :**
• 500 g de farine • 250 g de beurre • 2 jaunes d'œufs • 10 cl de lait • sel *ou 2 rouleaux de pâte brisée (rayon frais ou surgelés)*

**Garniture :**
• 800 g de saumon frais ou surgelé • 600 g de champignons • 20 cl de vin blanc sec • 2 cuil. à soupe de farine • 20 cl de crème fraîche • 25 g de beurre • 1 œuf • 2 cuil. à soupe de lait • sel, poivre

## Réalisation

Versez la farine en puits dans un saladier, ajoutez les jaunes d'œufs battus, le beurre fractionné et une pincée de sel. Malaxez à la main en versant petit à petit le lait pour obtenir une pâte souple. Enveloppez d'un film étirable et mettez au frais pendant 3 heures. Sortez la pâte du réfrigérateur 15 minutes avant de l'étaler. Séparez-la en deux parties, 2/3 et 1/3, abaissez-les sur une planche farinée. Beurrez et farinez une tourtière et garnissez-en le fond avec la plus grande abaisse. Piquez-la à la fourchette et remettez au frais pendant 30 minutes.

Préchauffez le four th. 6 (180°C).
Lavez les champignons, émincez-les et faites-les revenir dans le beurre, saupoudrez de farine, mélangez bien, salez, poivrez, arrosez de vin blanc. Laissez mijoter quelques minutes, puis ajoutez la crème. Réservez. Faites pocher le poisson à l'eau bouillante salée. Émiettez-le grossièrement et ajoutez-le aux champignons. Versez cette préparation dans la tourtière, recouvrez avec la seconde abaisse de pâte, dorez au pinceau avec l'œuf battu dans le lait. Faites cuire à four chaud pendant 35 minutes. Servez chaud.

**Idée menu :** accompagnez cette tarte nourrissante servie en plat principal d'une salade de poivrons rouges, verts et jaunes longuement mijotés dans de l'huile d'olive, en été, ou, en hiver, d'une salade de poireaux vinaigrette.

# TOURTE AUX DEUX VIANDES

6 personnes ★★

**Pâte :**
• 400 g de farine • 300 g de beurre • sel *ou deux rouleaux de pâte feuilletée (rayon frais ou surgelés)*
**Garniture :**
• 500 g d'épaule de porc • 200 g d'épaule de veau • 2 œufs • 2 petits pains au lait • 10 cl de crème fleurette • 1 verre de vin blanc d'Alsace • 2 cuil. à soupe de lait • 1 oignon • 1/2 bouquet de persil plat • sel, poivre

## Réalisation

Faites dissoudre 2 pincées de sel dans un verre d'eau. Mettez la farine dans un saladier, creusez un puits, versez l'eau salée, mélangez rapidement à la main. Laissez reposer à température ambiante pendant 20 minutes. Étalez la pâte sur une planche farinée, mettez au centre le beurre coupé en très petits morceaux. Rabattez les bords de la pâte sur le beurre. Étalez au rouleau en forme de rectangle. Repliez le rectangle en trois comme un portefeuille. Tournez la pâte d'un quart de tour vers la droite, étalez-la au rouleau en rectangle et repliez-la en trois comme

précédemment. Recouvrez-la d'un torchon et laissez-la reposer 20 minutes. Renouvelez cette opération encore deux fois, puis laissez reposer la pâte 20 minutes. Recommencez encore deux fois. Séparez la pâte en deux parties. Étendez-la en deux disques sur une planche farinée. Préchauffez le four th. 8 (240°C).
Faites gonfler les petits pains dans un bol avec le vin blanc. Épluchez et émincez l'oignon, effeuillez le persil. Coupez les viandes en dés. Mettez-les dans le mixeur avec le pain, l'oignon et le persil, puis ajoutez un œuf battu, la crème, du sel et du poivre. Mélangez et vérifiez l'assaisonnement. Garnissez le fond d'une tourtière beurrée et farinée d'une abaisse de pâte, et répartissez la farce. Recouvrez avec la seconde abaisse, soudez bien les bords. Battez l'œuf restant avec le lait et badigeonnez le dessus de la tourte au pinceau. Dessinez des motifs au couteau sur la pâte. Faites cuire à four chaud pendant 45 minutes.

**Idée menu :** servez cette tourte avec une salade rustique, composée de feuille de chêne assaisonnée à l'huile de noix.

# TOURTE AUX GIROLLES

6 personnes ★

**Pâte :**
• 500 g de farine • 250 g de beurre • 2 jaunes d'œufs • 10 cl de lait • sel *ou un rouleau de pâte feuilletée (rayon frais ou surgelés)*
**Garniture :**
• 1,5 kg de girolles • 5 échalotes • 30 g de beurre • 2 cuil. à soupe de lait • 1 petit bouquet de persil • 4 gousses d'ail • 1 œuf • sel, poivre

## Réalisation

Versez la farine dans un saladier, faites un puits, ajoutez une pincée de sel et le beurre coupé en petits morceaux. Pétrissez rapidement, puis incorporez le lait et les jaunes d'œufs. Roulez la pâte en boule, enveloppez-la de film alimentaire et mettez-la au frais pendant 3 heures. Sortez-la du réfrigérateur 15 minutes avant de l'étaler. Séparez-la en deux parties, 1/3 et 2/3. Étalez-les sur une planche légèrement farinée. Garnissez une tourtière beurrée et farinée avec la plus grande abaisse, piquez-la à la fourchette et remettez-la au frais 30 minutes. Préchauffez le four th. 6 (180°C).

Lavez les girolles à grande eau, épongez-les bien dans un torchon, coupez-les en morceaux si elles sont grosses. Épluchez l'ail et l'échalote, hachez-les. Faites revenir les girolles à la poêle dans le beurre, ajoutez l'ail, les échalotes et le persil effeuillé, salez et poivrez. Répartissez ce mélange sur le fond de tarte, couvrez avec la plus petite abaisse de pâte, soudez bien les bords. Décorez le dessus de la pâte de quelques dessins au couteau et badigeonnez-la au pinceau avec l'œuf battu dans le lait. Faites cuire 35 minutes. Servez chaud.

**Idée menu :** servez cette tourte en accompagnement d'une volaille ou d'un rôti de veau braisé.

## TOURTE AUX POMMES DE TERRE ET À L'AIL

6 personnes ★★

**Pâte :**
• 400 g de farine • 300 g de beurre • sel *ou deux rouleaux de pâte feuilletée (fraîche ou surgelée)*
**Garniture :**
• 800 g de pommes de terre • 3 gousses d'ail • 2 jaunes d'œufs • 2 cuil. à soupe de lait • 50 g de beurre • 20 cl de crème • 1/2 bouquet de persil plat • sel, poivre

### Réalisation

Faites dissoudre 2 pincées de sel dans un verre d'eau. Mettez la farine dans un saladier, creusez un puits, versez l'eau salée, mélangez rapidement à la main. Laissez reposer à température ambiante pendant 20 minutes. Étalez la pâte sur une planche farinée, mettez au centre le beurre coupé en très petits morceaux. Rabattez les bords de la pâte sur le beurre. Étalez au rouleau en forme de rectangle. Repliez le rectangle en trois comme un portefeuille. Tournez la pâte d'un quart de tour vers la droite, étalez-la au rouleau en rectangle et repliez-la en trois comme précédemment. Recouvrez-la d'un torchon et

laissez-la reposer 20 minutes. Renouvelez cette opération encore deux fois, puis laissez reposer la pâte 20 minutes. Recommencez encore deux fois. Séparez la pâte en deux parties. Étalez-les sur une planche farinée. Préchauffez le four th. 8 (240°C). Beurrez généreusement une tourtière. Disposez un disque de pâte au fond du moule. Épluchez les pommes de terre, lavez-les, essuyez-les et hachez-les grossièrement. Épluchez l'ail, lavez le persil, hachez-les ensemble. Mélangez bien dans un saladier les pommes de terre avec l'ail et le persil, assaisonnez et répartissez l'ensemble dans le moule. Recouvrez avec le reste de la pâte et refermez les bords. Mélangez dans un bol un jaune d'œuf avec le lait et dorez-en la pâte avec un pinceau. Faites une cheminée au centre de la pâte et maintenez-le ouvert avec un cylindre de papier. Mettez au four pendant 45 minutes en surveillant la couleur. Si la tourte brunit trop vite, recouvrez-la d'un papier aluminium. Battez dans un bol l'autre jaune d'œuf avec la crème. Sortez la tourte du four et versez dans la cheminée le mélange œuf-crème. Remettez-la au four pendant 5 minutes. Servez très chaud.

**Idée menu** : avec cette tourte rustique et nourrissante, servez des tranches fines de jambon cru et une salade verte.

## TOURTE DE CANARD AUX RAISINS

6 personnes ★★

**Pâte :**
• 400 g de farine • 300 g de beurre • sel *ou deux rouleaux de pâte feuilletée (fraîche ou surgelée)*
**Garniture :**
• 400 g de filets de canard • 300 g de farce à tomate • 200 g de raisins secs • 10 cl de porto • 2 cuil. à soupe de miel • 1 bouquet de persil plat • 1 œuf • 2 cuil. à café de quatre-épices • 2 cuil. à soupe de lait • 50 g de beurre • sel, poivre

### Réalisation

Faites dissoudre 2 pincées de sel dans un verre d'eau. Mettez la farine dans un saladier, creusez un puits, versez l'eau salée, mélangez rapidement à la main. Laissez reposer à température ambiante pendant 20 minutes. Étalez la pâte sur une planche farinée, mettez au centre le beurre coupé en très petits morceaux. Rabattez les bords de la pâte sur le beurre. Étalez au rouleau

en forme de rectangle. Repliez le rectangle en trois comme un portefeuille. Tournez la pâte d'un quart de tour vers la droite, étalez-la au rouleau en rectangle et repliez-la en trois comme précédemment. Recouvrez-la d'un torchon et laissez-la reposer 20 minutes. Renouvelez cette opération encore deux fois, puis laissez reposer la pâte 20 minutes. Recommencez encore deux fois. Séparez la pâte en deux parties, étalez-les. Préchauffez le four th. 8 (240°C).
Beurrez une tourtière profonde et tapissez-la avec une abaisse de pâte. Faites gonfler les raisins secs dans le porto.
Hachez les filets de canard et le persil, ajoutez la farce à la tomate, les raisins avec leur marinade, le miel, le quatre-épices, salez et poivrez généreusement.
Disposez l'ensemble dans la tourtière et recouvrez avec le second fond de pâte. Soudez bien les bords et dorez la pâte au pinceau avec l'œuf battu dans le lait. Creusez une cheminée au centre de la tourte, maintenez-la ouverte avec un petit bristol en cylindre. Faites cuire au four pendant 50 minutes.

**Idée menu :** servez avec ce plat riche une salade verte à l'huile de noisettes.

## TOURTE DE POMMES DE TERRE BERRICHONNE

6 personnes ★★

**Pâte :**
• 400 g de farine • 300 g de beurre • sel *ou deux rouleaux de pâte feuilletée (fraîche ou surgelée)*
**Garniture :**
• 400 g de pommes de terre • 150 g de poitrine fumée • 50 g de beurre • 2 cl de crème fraîche • 1 œuf • 2 cuil. à soupe de lait • 1/2 bouquet de persil plat • 2 gousses d'ail • sel, poivre

### Réalisation

Faites dissoudre 2 pincées de sel dans un verre d'eau. Mettez la farine dans un saladier, creusez un puits, versez l'eau salée, mélangez rapidement à la main. Laissez reposer à température ambiante pendant 20 minutes. Étalez la pâte sur une planche farinée, mettez au centre le beurre coupé en très petits morceaux. Rabattez les

bords de la pâte sur le beurre. Étalez au rouleau en forme de rectangle. Repliez le rectangle en trois comme un portefeuille. Tournez la pâte d'un quart de tour vers la droite, étalez-la au rouleau en rectangle et repliez-la en trois comme précédemment. Recouvrez-la d'un torchon et laissez-la reposer 20 minutes. Renouvelez cette opération encore deux fois, puis laissez reposer la pâte 20 minutes. Recommencez encore deux fois. Séparez la pâte en deux parties, étalez-les sur une planche farinée. Préchauffez le four th. 8 (240°C). Épluchez les pommes de terre, lavez-les, essuyez-les et coupez-les en rondelles. Épluchez les gousses d'ail et hachez-les. Coupez le lard en très petits dés.
Beurrez le moule à tarte. Garnissez le moule avec la première abaisse de pâte. Mettez une couche de pommes de terre, salez, poivrez. Répartissez quelques noisettes de beurre, quelques lardons et un peu d'ail haché. Remplissez ainsi le moule en couches successives. Recouvrez avec la seconde abaisse de pâte, mouillez les bords et soudez-les.
Battez l'œuf avec le lait et dorez la pâte au pin-

ceau. Faites une cheminée au centre et maintenez-la ouverte avec un petit carton. Faites cuire au four pendant 45 minutes. Ciselez le persil et mélangez-le à la crème dans un bol. À la fin de la cuisson, versez la crème par la cheminée et remettez dans le four éteint pendant 5 minutes.

**Idée menu :** servez avec ce plat consistant une salade verte croquante (romaine ou scarole).

# TARTES SUCRÉES

## BRICK AUX AMANDES

6 personnes ★

• 18 feuilles de brick • 300 g d'amandes effilées • 150 g de sucre • 4 cuil. à soupe d'huile d'arachide • 75 g de raisins secs • 1 citron non traité • 1 orange non traitée • 4 cuil. à soupe de fleur d'oranger

**Réalisation**

Préchauffez le four th. 6 (180°C). Prélevez le zeste du citron et de l'orange avec un couteau économe et râpez-le. Pressez l'orange et réservez le jus. Mélangez dans un saladier les amandes, le zeste, 50 g de sucre et les raisins. Huilez légèrement avec un pinceau chaque feuille de brick. Huilez une tourtière. Déposez 3 feuilles de brick au fond du moule, garnissez de quelques cuillerées de la préparation, recouvrez de 3 feuilles de brick et continuez jusqu'à épuisement des ingrédients. Terminez par 3 feuilles de

brick. Faites cuire pendant 40 minutes. Pendant ce temps, préparez un sirop en portant à ébullition le reste du sucre avec l'eau de fleur d'oranger et 2 cuillerées à soupe de jus d'orange.
Versez ce sirop sur les bricks et remettez au four pendant 10 minutes th. 5 (130°C). Laissez refroidir.

**Idée menu :** servez cette tarte orientale après un tagine ou des brochettes. Vous pouvez l'accompagner de sorbet à la menthe.

## CRUMBLE À L'ANANAS

**6 personnes** ★

**Pâte :**
• 250 g de farine • 180 g de beurre • 75 g de sucre • sel
**Garniture :**
• 1 ananas frais • 125 g de raisins secs • 50 g de sucre • 50 g de beurre • 3 cl de rhum

### Réalisation

Préchauffez le four th. 7 (210°C). Faites trempez les raisins secs dans un bol d'eau tiède.

Détaillez l'ananas en dés, faites-les sauter à la poêle dans le beurre, saupoudrez de sucre, arrosez de rhum. Réservez.
Versez la farine dans un saladier, ajoutez le beurre en morceaux, le sucre et une pincée de sel. Mélangez du bout des doigts pour obtenir une pâte sableuse. Égouttez les raisins secs, disposez-les dans un plat à four avec les dés d'ananas. Recouvrez de pâte et faites cuire pendant 20 minutes. Servez tiède.

**En accompagnement** : accompagnez d'un sorbet aux fruits exotiques.

## CRUMBLE À LA RHUBARBE ET AU GINGEMBRE CONFIT

**6 personnes** ★

**Pâte :**
• 200 g de farine • 120 g de beurre • 50 g de sucre brun • sel
**Garniture :**
• 1 kg de rhubarbe • 100 g de sucre en poudre • 10 morceaux de gingembre confit • 20 g de beurre

**Réalisation**

Préchauffez le four th. 7 (210°C). Préparez la compote de rhubarbe : ôtez les parties fibreuses des tiges, coupez les fruits en morceaux et placez-les dans une casserole avec le sucre et un demi-verre d'eau. Faites cuire à feu très doux pendant 15 minutes en remuant. La rhubarbe étant très acide, vérifiez que la compote est assez sucrée à votre goût, rajoutez du sucre si nécessaire. Coupez le gingembre en très petits morceaux, ajoutez-le à la compote. Préparez la pâte en mélangeant à la main dans un saladier la farine, une pincée de sel et le beurre fractionné, ajoutez le sucre et malaxez jusqu'à obtention d'une grosse chapelure. Partagez la pâte en 6. Beurrez largement des ramequins individuels, versez dans chacun un peu de compote et recouvrez avec la pâte. Faites cuire pendant 30 minutes et servez chaud ou tiède.

**En accompagnement :** proposez une boule de glace vanille avec ce dessert. Hors saison, vous pouvez utiliser pour cette recette soit des fruits surgelés, soit un pot de compote de rhubarbe toute prête.

# CRUMBLE AUX FRUITS ROUGES

6 personnes ★

**Pâte :**
• 150 g de farine • 120 g de beurre • 75 g de poudre d'amandes • 50 g de sucre • sel

**Garniture :**
• 600 g de fruits rouges : framboises, mûres, groseilles, myrtilles... • 20 g de beurre

## Réalisation

Préchauffez le four th. 7 (210°C). Préparez la pâte en mélangeant intimement la farine, la poudre d'amandes et le beurre fractionné. Ajoutez le sucre et une pincée de sel. La pâte doit ressembler à une grosse chapelure.

Beurrez généreusement un plat à gratin ou des plats individuels, disposez les fruits, saupoudrez-les de sucre, puis recouvrez-les de pâte. Faites cuire pendant 30 minutes et servez chaud ou tiède.

**En accompagnement :** servez avec de la crème fraîche liquide.

# CRUMBLE AUX POIRES ET AUX NOISETTES

6 personnes ★

**Pâte :**
- 200 g de farine • 120 g de beurre • 50 g de sucre • sel
- 100 g de noisettes

**Garniture :**
- 8 poires • 20 g de beurre

## Réalisation

Préchauffez le four th. 7 (210°C). Mélangez à la main dans un saladier la farine et le beurre coupé en petits morceaux pour obtenir une pâte sableuse. Ajoutez le sucre, une pincée de sel et malaxez 1 minute. Concassez grossièrement les noisettes et ajoutez-les à la pâte. Épluchez les poires, enlevez le trognon, et coupez-les en petits morceaux. Beurrez un plat à gratin ou des petits plats individuels, disposez les poires et recouvrez de pâte. Faites cuire pendant 30 minutes. Servez tiède.

**En accompagnement :** offrez de la crème fraîche épaisse ou une boule de glace à la noisette.

# CRUMBLE AUX POMMES ET À LA CANNELLE

6 personnes ★

**Pâte :**
• 200 g de farine • 120 g de beurre • 50 g de sucre • sel
**Garniture :**
• 100 g de noisettes concassées • 6 pommes • 20 g de sucre brun

## Réalisation

Préchauffez le four th. 7 (210°C). Travaillez à la main dans un saladier la farine et le beurre coupé en petits morceaux, ajoutez le sucre et une pincée de sel. Vous obtenez une pâte sableuse. Épluchez les pommes, coupez-les en morceaux et faites-les compoter dans une casserole avec le sucre et un demi-verre d'eau. Lorsqu'elles sont cuites, ajoutez les noisettes. Beurrez un plat à gratin, répartissez la compote et recouvrez de pâte. Faites cuire pendant 30 minutes. Servez chaud ou tiède.

**En accompagnement :** servez ce crumble avec une crème anglaise parfumée à la cannelle.

# CRUMBLE CROUSTILLANT AUX PRUNES ROUGES

6 personnes ★

**Pâte :**
• 200 g de farine • 120 g de beurre • 50 g de sucre • 20 g de cerneaux de noix • sel
**Garniture :**
• 700 g de prunes rouges • 50 g de sucre cristallisé
• 30 g de beurre • 1 cuil. à café de cannelle

**Réalisation :**
Préchauffez le four th. 7 (210°C). Lavez les prunes, tapissez-en un plat à gratin beurré. Saupoudrez de sucre et de cannelle. Mettez la farine dans un saladier, avec du sel et le beurre froid en petits morceaux. Malaxez à la main jusqu'à obtention d'une sorte de grosse chapelure. Hachez grossièrement les noix. Ajoutez à la pâte le sucre et les noix, pétrissez à nouveau. Répartissez cette pâte sur les fruits et faites cuire pendant 30 minutes.

**En accompagnement :** proposez de la crème fraîche épaisse ou une boule de glace à la vanille.

# FEUILLETÉ AUX ABRICOTS

6 personnes ★★

**Pâte :**
• 200 g de farine • 150 g de beurre • sel *ou un rouleau de pâte feuilletée (rayon frais ou surgelés)*
**Garniture :**
• 750 g d'abricots mûrs • 75 g d'amandes en poudre • 150 g de sucre • 75 g de beurre mou • 1 œuf • 2 pincées de cannelle • 30 g d'amandes effilées

## Réalisation

Faites dissoudre 2 pincées de sel dans un verre d'eau. Mettez la farine dans un saladier, creusez un puits, versez l'eau salée, mélangez rapidement à la main. Laissez reposer à température ambiante pendant 20 minutes. Étalez la pâte sur une planche farinée, mettez au centre le beurre coupé en très petits morceaux. Rabattez les bords de la pâte sur le beurre. Étalez au rouleau en forme de rectangle. Repliez le rectangle en trois comme un portefeuille. Tournez la pâte d'un quart de tour vers la droite, étalez-la au rouleau en rectangle et repliez-la en trois comme précédemment. Recouvrez-la d'un torchon et

laissez-la reposer 20 minutes. Renouvelez cette opération encore deux fois, puis laissez reposer la pâte 20 minutes. Recommencez encore deux fois. Préchauffez le four th. 8 (240°C). Étalez la pâte feuilletée en rectangle et étendez-la sur la plaque du four humectée. Piquez-la de coups de fourchette, recouvrez-la de papier sulfurisé et de haricots secs. Faites-la cuire « à blanc » pendant 10 minutes. Battez l'œuf en omelette, ajoutez le sucre et fouettez. Incorporez la poudre d'amandes et la cannelle. Ajoutez enfin le beurre, mélangez à nouveau. Tartinez la pâte avec la crème d'amandes et remettez au four 10 minutes. Ouvrez les abricots, ôtez les noyaux et coupez-les en 4. Disposez-les harmonieusement sur la tarte, peau sur la crème. Saupoudrez de sucre et mettez au four 10 minutes. Décorez d'amandes effilées, faites dorer sous le gril 2 minutes.

**En accompagnement :** proposez avec cette tarte un sabayon. Pour cela, mettez 3 jaunes d'œufs dans un saladier, ajoutez 100 g de sucre et un verre de vin blanc doux. Fouettez au bain-marie jusqu'à consistance d'une crème.

# GALETTE FEUILLETÉE

6 personnes ★★

**Pâte :**
• 200 g de farine • 150 g de beurre • sel *ou un rouleau de pâte feuilletée (rayon frais ou surgelés)*
**Garniture :**
• 1 œuf • 2 cuil. à soupe de lait • 50 g de sucre

## Réalisation

Faites dissoudre 2 pincées de sel dans un verre d'eau. Mettez la farine dans un saladier, creusez un puits, versez l'eau, mélangez rapidement à la main. Laissez reposer à température ambiante pendant 20 minutes. Étalez la pâte sur une planche farinée, mettez au centre le beurre coupé en très petits morceaux. Rabattez les bords de la pâte sur le beurre. Étalez au rouleau en forme de rectangle.
Repliez le rectangle en trois comme un portefeuille.
Tournez la pâte d'un quart de tour vers la droite, étalez-la au rouleau en rectangle et repliez-la en trois comme précédemment. Recouvrez-la d'un torchon et laissez-la reposer 20 minutes.

Renouvelez cette opération encore deux fois, puis laissez reposer la pâte 20 minutes. Recommencez encore deux fois. Préchauffez le four th. 8 (240°C).
Étalez la pâte sur la plaque du four humectée. Décorez-la de quelques motifs au couteau, puis badigeonnez-la au pinceau avec l'œuf battu dans le lait et saupoudrez-la de sucre. Faites-la cuire pendant 25 minutes. Servez chaud ou tiède.

**En accompagnement :** servez cette galette en dessert, ou pour le goûter. Accompagnez-la de confiture et de crème fraîche.

## LINZERTORTE

6 personnes ★★★

**Pâte :**
• 200 g de farine • 180 g de beurre • 3 œufs • 40 g d'amandes en poudre • 50 g de sucre glace • 1 cuil. à café de cannelle • 1 cuil. à café de rhum • sel *ou un rouleau de pâte sablée (rayon frais ou surgelés)*
**Garniture :**
• 250 g de confiture de framboises • 500 g de pommes acidulées • 25 g de sucre

**Réalisation**

Faites durcir les œufs, écalez-les, réservez les jaunes et gardez les blancs pour un autre usage. Écrasez les jaunes à la fourchette. Versez la farine dans un saladier, creusez un puits, ajoutez les jaunes d'œufs, une pincée de sel, le beurre fractionné, le sucre glace. Malaxez rapidement du bout des doigts. Ajoutez la poudre d'amandes, la cannelle et le rhum. Pétrissez, puis formez une boule, enveloppez-la dans un film étirable et laissez reposer 3 heures au frais, puis 15 minutes à température ambiante. Étalez la pâte sur une planche farinée, garnissez-en un moule beurré et fariné, piquez de coups de fourchette. Réservez les chutes de pâte, pétrissez-la, étalez-la et coupez de fines lanières. Mettez au réfrigérateur 30 minutes.

Pendant ce temps, préchauffez le four th. 6 (180°C) et préparez la compote : épluchez les pommes, coupez-les en morceaux et faites-les cuire à feu très doux avec le sucre et un demi-verre d'eau. Laissez refroidir. Mélangez la confiture de framboises et la compote de pommes, répartissez sur le fond de tarte. Décorez avec les lanières disposées en croisillons. Faites cuire pendant 20 minutes. Servez tiède.

**En accompagnement :** proposez une boule de glace à la vanille.

## MOELLEUX DE CHOCOLAT AUX NOISETTES

6 personnes ★

**Pâte :**
• 75 g de beurre mou • 1 petit œuf • 125 g de farine • 1 cuil. à soupe de poudre de noisettes • 50 g de sucre glace • 1 sachet de sucre vanillé • sel
**Garniture :**
• 250 g de chocolat extra dry • 2 jaunes d'œufs • 20 cl de crème fraîche • 20 g de beurre ramolli • 100 g de noisettes entières

### Réalisation

Sortez le beurre du réfrigérateur à l'avance, ou placez-le 20 secondes au micro-ondes. Dans une terrine, travaillez le beurre en pommade, puis incorporez le sucre glace, la poudre de

noisettes, une pincée de sel, le sucre vanillé, l'œuf entier et la farine. Mélangez rapidement pour obtenir une pâte souple. Roulez-la en boule, enveloppez-la de film étirable et placez-la pendant 3 heures au frais. Sortez-la du réfrigérateur, laissez-la à température ambiante pendant 15 minutes, puis étalez-la. Garnissez-en un moule à tarte beurré et fariné, et piquez-la à la fourchette. Remettez au frais 30 minutes. Préchauffez le four th. 6 (180°C). Recouvrez la pâte de papier sulfurisé et de haricots secs et faites-la cuire « à blanc » pendant 30 minutes. Laissez refroidir.
Faites griller les noisettes, puis concassez-les. Hachez le chocolat. Portez la crème à ébullition, puis hors du feu, versez le chocolat haché en remuant vivement. Laissez tiédir avant d'ajouter le beurre, les jaunes et les noisettes. Mélangez bien et recouvrez le fond de tarte avec cette préparation.

**En accompagnement :** proposez une glace au café ou à la noisette avec cette tarte.

# TARTE À L'ORANGE ET AU CITRON

6 personnes ★

**Pâte :**
• 250 g de farine • 125 g de beurre • 75 g de sucre glace • 1 œuf • 2 cuil. à soupe de lait • 40 g de poudre d'amandes • sel
**Garniture :**
• 3 œufs entiers • 1 jaune d'œuf • 3 citrons • 2 oranges • 125 g de sucre • 100 g de beurre

## Réalisation

Versez la farine dans une terrine, faites un puits au milieu, versez-y le sucre, les œufs, une pincée de sel, le lait et le beurre coupé en dés. Mélangez rapidement du bout des doigts, puis ajoutez la farine. Travaillez pour obtenir une pâte souple. Formez une boule, enveloppez-la de film étirable et placez-la au réfrigérateur pendant 3 heures. Sortez la pâte du réfrigérateur, laissez-la à température ambiante pendant 15 minutes, puis étendez-la au rouleau sur une planche légèrement farinée. Garnissez-en un moule à tarte beurré et fariné, piquez la pâte à la fourchette et mettez au frais 30 minutes.

Recouvrez la pâte de papier sulfurisé et de haricots secs, et faites cuire « à blanc » à four chaud th. 6 (180°C) pendant 10 minutes. Pendant ce temps, pressez les citrons et les oranges, recueillez le jus et passez-le. Faites fondre le beurre, ajoutez le jus des fruits et le sucre. Mélangez au fouet, ajoutez les œufs entiers et le jaune. Versez cette préparation sur le fond de tarte et faites cuire pendant 35 minutes. Servez froid.

**En accompagnement :** servez cette tarte avec une salade d'oranges. Pelez des oranges à vif et coupez-les en tranches très fines. Mettez-les dans un saladier, saupoudrez de sucre, arrosez d'un trait de curaçao. Placez au réfrigérateur pendant 1 heure.

## TARTE À LA COMPOTE DE PÊCHES

**6 personnes** ★★

**Pâte :**
• 250 g de farine • 125 g de sucre semoule • 125 g de beurre
• sel

**Garniture**
• 750 g de pêches • 85 g de sucre

**Réalisation**

Versez la farine dans un saladier, creusez un puits, ajoutez une pincée de sel et le sucre ainsi que le beurre coupé en petits morceaux. Mélangez rapidement du bout des doigts. Versez un verre d'eau peu à peu en mélangeant rapidement pour obtenir une pâte souple. Formez une boule, enveloppez-la de film étirable et laissez-la reposer 3 heures au frais, puis 15 minutes à température ambiante. Abaissez la pâte et partagez-la en deux parties, 2/3 et 1/3. Garnissez un moule à tarte beurré et fariné avec la plus grande abaisse, piquez-la de coups de fourchette. Mettez au réfrigérateur 30 minutes, puis placez un papier sulfurisé sur le fond de tarte, et déposez-y des haricots secs. Faites cuire le fond de tarte pendant 15 minutes. Taillez des lanières dans l'abaisse de pâte restante. Réservez. Préchauffez le four th. 6 (180°C).

Préparez la compote : épluchez les pêches et coupez-les en petits morceaux. Mettez-les dans une casserole avec le sucre, faites-les cuire à feu doux pendant 15 minutes. Passez au mixeur. Si la compote est trop liquide, remettez-la sur le feu pour l'assécher. Versez la compote sur le fond de tarte, décorez avec les lanières de pâte disposées en croisillons et faites dorer au four pendant 15 minutes.

**En accompagnement :** vous pouvez accompagner cette tarte d'un coulis de framboises. Passez au mixeur 500 g de fruits avec 100 g de sucre et le jus d'un demi-citron, faites confire à feu doux pendant 10 minutes et laissez refroidir avant de servir.

## TARTE À LA COMPOTE POMMES-FRAMBOISES

6 personnes ★★

**Pâte :**
• 250 g de farine • 175 g de beurre • sel *ou un rouleau de pâte brisée (rayon frais ou surgelés)*
**Garniture :**
• 600 g de framboises • 600 g de pommes • 300 g de fromage blanc • 4 œufs • 50 g de sucre

### Réalisation
Versez la farine dans un saladier, faites un puits,

ajoutez le beurre fractionné et une pincée de sel. Mélangez rapidement du bout des doigts et versez petit à petit un demi-verre d'eau, ou plus si nécessaire : la pâte doit être souple. Laissez-la reposer 3 heures au frais. Sortez-la du réfrigérateur, laissez-la à température ambiante pendant 15 minutes, puis étalez la pâte sur une planche farinée, étendez-la dans un moule à tarte beurré et fariné et piquez-la à la fourchette. Remettez au frais 30 minutes.
Pendant ce temps, épluchez les pommes, coupez-les en petits morceaux et faites-les cuire avec les framboises, la moitié du sucre et un demi-verre d'eau jusqu'à ce que les fruits soient réduits en compote.
Préchauffez le four th. 6 (180°C). Séparez les blancs des jaunes d'œufs. Mélangez les jaunes dans un saladier avec le reste de sucre et le fromage blanc. Montez les blancs en neige avec une pincée de sel. Incorporez-les avec précaution pour ne pas les briser. Répartissez la compote de fruits sur le fond de tarte, versez dessus la crème aux œufs. Faites cuire pendant 30 minutes.

**En accompagnement** : servez avec une glace à la vanille.

## TARTE À LA CRÈME

6 personnes ★

**Pâte :**
• 250 g de farine • 1 œuf • 80 g de beurre • 1 sachet de levure chimique • 5 cl de lait • 50 g de sucre semoule • sel
**Garniture :**
• 250 g de crème fraîche épaisse • 50 g de cassonade blonde

### Réalisation

Versez la farine sur le plan de travail, formez un puits, ajoutez la levure, le beurre et une pincée de sel.
Mélangez rapidement du bout des doigts de façon à obtenir une pâte homogène. Roulez en boule et laissez reposer 3 heures au frais puis 15 minutes à température ambiante.
Étalez la pâte et disposez-la dans un moule à tarte beurré et fariné.
Piquez-la à la fourchette. Laissez reposer au frais pendant 30 minutes.
Préchauffez le four th. 6 (180°C). Battez le

jaune d'œuf avec le lait et badigeonnez la pâte au pinceau avec ce mélange. Saupoudrez le fond de la tarte de sucre semoule et faites cuire pendant 10 minutes.
Versez la crème dans le fond de tarte, saupoudrez de cassonade et faites cuire 20 minutes. Servez tiède.

**En accompagnement :** servez cette tarte avec, selon la saison, un coulis de framboises (recette page 100) ou une sauce au chocolat-café : faites fondre 100 g de chocolat noir dans 3 cuillerées à soupe de café très fort sucré.

## TARTE À LA NOIX DE COCO

6 personnes ★★

**Pâte :**
• 200 g de farine • 50 g de sucre glace • 180 g de beurre • 2 œufs • 40 g de poudre d'amandes • sel *ou un rouleau de pâte sablée (rayon frais ou surgelés)*
**Garniture :**
• 200 g de noix de coco râpée • 2 œufs • 80 g de sucre semoule • 40 g de beurre • 2 cuil. à soupe de crème fraîche • 1 pincée de vanille en poudre • 1 citron

**Réalisation**

Faites durcir les œufs et prélevez les jaunes, écrasez-les à la fourchette. Réservez les blancs pour une autre utilisation. Versez la farine dans un saladier. Creusez un puits, mettez-y le beurre fractionné, le sucre, une pincée de sel, mélangez avec les doigts, puis ajoutez les jaunes d'œufs et la poudre d'amandes. Pétrissez rapidement, formez une boule et placez au réfrigérateur pendant 3 heures, puis laissez reposer 15 minutes à température ambiante avant de la travailler. Beurrez et farinez un moule à tarte et garnissez-le avec la pâte sablée, piquez-la de quelques coups de fourchette. Entreposez au réfrigérateur pendant 30 minutes. Préchauffez le four th. 6 (180°C). Cassez les œufs, séparez les blancs des jaunes. Mélangez la noix de coco râpée (gardez-en 2 cuillerées à soupe pour le décor) avec la vanille, le sucre, le zeste rapé du citron, le beurre en pommade, les jaunes d'œufs et la crème. Montez les blancs en neige ferme puis incorporez-les délicatement à la préparation en soulevant le mélange. Recouvrez le fond de tarte de cette préparation. Faites cuire pendant 30 minutes.

Laissez refroidir et saupoudrez de noix de coco avant de servir.

**En accompagnement :** proposez une boule de glace à la noix de coco ou encore aux fruits exotiques.

## TARTE AU CHOCOLAT, AUX NOIX ET AUX NOISETTES

**6** personnes ★★

**Pâte :**
• 250 g de farine • 175 g de beurre • 1 pincée de sel *ou un rouleau de pâte brisée (rayon frais ou surgelés)*
**Garniture :**
• 350 g de chocolat noir extra dry • 150 g de sucre • 15 cl de crème liquide • 120 g de noisettes • 120 g de noix

### Réalisation

Versez la farine dans un saladier, faites un puits au milieu, ajoutez le sel, le beurre fractionné et un demi-verre d'eau. Pétrissez rapidement à la main en ajoutant un peu d'eau pour obtenir une pâte souple. Laissez-la reposer en boule recouverte de film étirable pendant 3 heures au frais, puis pendant 15 minutes à température ambiante avant de l'utiliser. Étendez-la au rouleau sur une planche légèrement farinée, et garnissez-en le fond d'un moule à tarte beurré et fariné. Piquez-la à la fourchette, et replacez-la au frais 30 minutes. Préchauffez le four th. 6 (180°C). Recouvrez la pâte d'un papier sulfurisé et parsemez de haricots secs pour que la pâte ne lève pas.

Faites cuire pendant 30 minutes. Laissez refroidir.

Hachez grossièrement les noix et les noisettes.

Versez le sucre dans une casserole, arrosez avec un demi-verre d'eau et faites cuire jusqu'à obtention d'un caramel léger.

Enrobez les fruits secs de ce caramel.

Mettez dans une casserole le chocolat coupé en morceaux, ajoutez la crème et faites fondre à feu très doux.

Versez le chocolat sur le fond de tarte, laissez refroidir, puis disposez dessus les noix et les noisettes.

**En accompagnement :** proposez une glace à la vanille ou au café.

# TARTE AU CHOCOLAT NOIR

6 personnes ★

**Pâte :**
• 250 g de farine • 125 g de beurre mou • 75 g de sucre glace • 1 œuf • sel
**Garniture :**
• 400 g de chocolat noir • 500 g de crème fraîche • 2 œufs

## Réalisation

Mettez dans un saladier le beurre, le sucre glace et une pincée de sel ; travaillez en pommade. Ajoutez l'œuf entier, mélangez bien, puis incorporez la farine et pétrissez rapidement. Laissez reposer la pâte recouverte de film étirable pendant 3 heures au frais. Étendez la pâte au rouleau sur une planche farinée, garnissez-en un moule à tarte beurré et fariné, piquez-la de coups de fourchette et remettez au frais 30 minutes. Préchauffez le four th. 6 (180°C).
Coupez le chocolat en petits morceaux et faites-les fondre au bain-marie. Faites bouillir la crème et mélangez-la au chocolat. Incorporez les œufs entiers, mélangez bien. Versez cette crème sur la pâte. Faites cuire pendant 25 minutes.

**En accompagnement :** proposez une crème anglaise au café. Fouettez 4 jaunes d'œufs avec 125 g de sucre, ajoutez 1 cuillerée à café d'extrait de café, délayez avec 50 cl de lait très chaud, mélangez à feu très doux jusqu'à ce que la crème nappe la cuillère.

## TARTE AU CHOCOLAT PRALINÉ

6 personnes ★

**Pâte :**
• 250 g de farine • 175 g de beurre • sel *ou un rouleau de pâte brisée (rayon frais ou surgelés)*
**Garniture :**
• 175 g de crème liquide • 175 g de chocolat • 50 g de beurre • 30 g de praliné • 2 cuil. à soupe de lait • 1 gousse de vanille

### Réalisation

Versez la farine dans un saladier, faites un puits et ajoutez le beurre fractionné et une pincée de sel. Pétrissez rapidement à la main, puis ajoutez un peu d'eau pour que la pâte soit souple. Laissez reposer 3 heures au réfrigérateur, puis 15 minutes à température ambiante. Étendez-la sur une planche légèrement farinée et gar-

nissez-en un moule à tarte beurré et fariné. Piquez-la à la fourchette, et remettez au frais 30 minutes. Préchauffez le four th. 6 (180°C). Recouvrez ensuite la pâte d'un papier sulfurisé et remplissez le fond de haricots pour que la pâte ne lève pas à la cuisson. Faites cuire pendant 30 minutes. Laissez refroidir.
Pendant ce temps, mettez la crème liquide dans une casserole, ajoutez la gousse de vanille fendue en deux, et portez à ébullition. Cassez le chocolat dans une terrine, versez le lait et mélangez jusqu'à ce que le chocolat soit fondu. Ajoutez alors le beurre coupé en petits morceaux et le praliné. Mélangez à nouveau et versez sur le fond de tarte. Servez à température ambiante.

**En accompagnement :** servez une glace pralinée, ou de la crème fraîche liquide.

## TARTE AU CITRON

6 personnes ★

**Pâte :**
• 250 g de farine • 175 g de beurre • sel *ou un rouleau de pâte brisée (rayon frais ou surgelés)*
**Garniture :**
• 200 g de sucre • 6 œufs • 125 g de beurre • 6 citrons
• 2 cuil. à soupe de sucre glace

### Réalisation

Versez la farine dans un saladier, faites un puits au milieu, ajoutez le sel, le beurre coupé en morceaux et un demi-verre d'eau. Pétrissez rapidement en ajoutant un peu d'eau si la pâte vous paraît trop sèche. Elle doit être souple. Laissez-la reposer en boule enveloppée de film étirable pendant 3 heures au réfrigérateur, puis 15 minutes à température ambiante avant de l'utiliser. Étendez-la au rouleau sur une planche légèrement farinée, et garnissez-en le fond d'un moule beurré et fariné. Piquez-la à la fourchette, remettez-la au frais 30 minutes. Préchauffez le four th. 6 (180°C). Placez sur la pâte un papier sulfurisé, puis parsemez-la de

haricots secs pour qu'elle ne lève pas, et faites cuire pendant 30 minutes.
Faites fondre le beurre, ajoutez le sucre et mélangez. Pressez les citrons, versez le jus dans la casserole et portez à feu doux. Remuez jusqu'à ce que le sucre soit dissous. Battez l'œuf en omelette, ajoutez-le et mélangez jusqu'à épaississement. Laissez refroidir la crème. Garnissez le fond de tarte cuit avec cette crème, saupoudrez de sucre glace. Servez à température ambiante.

**En accompagnement :** proposez une petite jatte de crème fraîche épaisse.

## TARTE AU FROMAGE BLANC

**6** personnes ★

**Pâte :**
• 250 g de farine • 150 g de beurre • 1 œuf • 2 cuil. à soupe de sucre
**Garniture :**
• 750 g de fromage blanc frais (faisselle) • 150 g de sucre semoule • 4 œufs • 3 cuil. à soupe de crème • 3 cuil. à soupe de farine • 3 sachets de sucre vanillé • 1 citron non traité

## Réalisation

Versez la farine dans un saladier, formez un puits, ajoutez le sucre et l'œuf battu. Mélangez du bout des doigts, ajoutez le beurre fractionné et un peu d'eau pour obtenir une pâte souple. Formez une boule, entourez-la de film étirable et laissez reposer 3 heures au frais. Sortez la pâte du réfrigérateur et laissez-la 15 minutes à température ambiante avant de la travailler. Égouttez le fromage 30 minutes dans une passoire. Préchauffez le four th. 6 (180°C). Étalez la pâte, garnissez-en un moule beurré et fariné. Piquez le fond de la tarte avec une fourchette, et remettez-la au frais 30 minutes. Recouvrez-la d'un papier sulfurisé, posez des haricots secs et faites cuire pendant 10 minutes.
Pendant ce temps, préparez la garniture : lavez le citron, essuyez-le et râpez finement le zeste au-dessus d'une terrine. Ajoutez les œufs, battez-les en omelette, versez le sucre, le sucre vanillé, la crème, fouettez vigoureusement. Incorporez enfin la farine et le fromage blanc. Mélangez bien. Versez cette préparation sur la pâte et laissez cuire pendant 25 minutes. Servez froid.

**En accompagnement :** accompagnez cette tarte d'un coulis de mangue préparé en mixant finement 500 g de mangues avec 2 cuillerées à soupe de jus de citron vert et 1 cuillerée à soupe de rhum blanc.

## TARTE AU SABAYON

6 personnes ★★

**Pâte :**
• 250 g de farine • 175 g de beurre • sel *ou un rouleau de pâte brisée (rayon frais ou surgelés)*
**Garniture :**
• 4 jaunes d'œufs • 150 g de crème épaisse • 150 g de cassonade • 15 cl de vin blanc doux

### Réalisation

Versez la farine dans un saladier, faites un puits, ajoutez le sel et le beurre en parcelles, mélangez rapidement du bout des doigts en ajoutant de l'eau pour obtenir une pâte souple. Roulez en boule, recouvrez de film alimentaire et laissez reposer 3 heures au frais, puis 15 minutes à température ambiante. Étalez sur une planche farinée, garnissez-en un moule beurré et fa-

riné. Préchauffez le four th. 6 (180°C). Piquez la pâte de coups de fourchette et remettez au frais 30 minutes. Recouvrez-la de papier sulfurisé et de haricots secs et faites-la cuire pendant 10 minutes.
Fouettez la crème avec les jaunes d'œufs et le vin. Saupoudrez le fond de tarte avec la moitié de la cassonade, versez le sabayon et faites cuire 20 minutes. Répartissez le reste de cassonade sur la tarte et faites dorer 10 minutes. Servez froid.

**En accompagnement :** servez cette tarte avec une salade de fruits de saison au naturel.

## TARTE AU SIROP D'ÉRABLE

**6 personnes** ★★

**Pâte :**
• 250 g de farine • 175 g de beurre • sel *ou un rouleau de pâte brisée (rayon frais ou surgelés)*
**Garniture :**
• 50 g de farine • 150 g de cassonade • 30 cl de sirop d'érable • 2 œufs • 80 g de beurre • 125 g de cerneaux de noix

**Réalisation**

Versez la farine en puits dans un saladier, mettez au centre le beurre coupé en petits morceaux et une pincée de sel. Malaxez rapidement puis ajoutez un peu d'eau au fur et à mesure pour obtenir une pâte souple. Formez une boule et enveloppez-la dans un film étirable. Laissez reposer au frais 3 heures et 15 minutes à température ambiante.

Étalez la pâte sur une planche farinée, puis garnissez-en un moule à tarte beurré et fariné. Piquez-la de coups de fourchette et remettez au frais 30 minutes. Préchauffez le four th. 6 (180°C).

Mélangez dans un saladier la cassonade, la farine et les œufs battus. Faites fondre le beurre, ajoutez-le, ainsi que le sirop d'érable et les cerneaux de noix grossièrement concassés. Mélangez bien.

Versez la préparation sur le fond de tarte et faites cuire pendant 30 minutes. Servez tiède ou froid.

**En accompagnement :** servez avec une glace à la vanille.

## TARTE AU SUCRE

6 personnes ★

**Pâte :**
• 300 g de farine • 15 g de levure • 15 g de sucre • 1 œuf • 12 cl de lait • 60 g de beurre • 1 sachet de levure • sel
**Garniture :**
• 100 g de sucre • 50 g de crème fraîche épaisse • 50 g de beurre • 1 gousse de vanille

### Réalisation

Préparez la pâte briochée : versez 50 g de farine dans un bol, ajoutez la levure et le lait. Laissez reposer 15 minutes à température ambiante. Versez le reste de farine dans un saladier, creusez un puits, ajoutez une pincée de sel, le sucre, l'œuf et le levain. Pétrissez énergiquement. Incorporez le beurre et malaxez pour obtenir une pâte souple. Roulez-la en boule, recouvrez-la d'un torchon et laissez reposer 30 minutes à température ambiante. Pétrissez-la encore pendant quelques minutes et laissez-la reposer à nouveau 15 minutes. Étalez la pâte et garnissez-en un moule beurré. Préchauffez le four th. 6 (180°C).

Ouvrez la gousse de vanille en deux, mélangez les graines avec la crème. Versez-la sur le fond de tarte, répartissez le beurre coupé en morceaux, saupoudrez de sucre. Faites cuire pendant 20 minutes. Servez tiède ou froid.

**En accompagnement :** servez avec un coulis de framboises (recette page 100).

## TARTE AUX ABRICOTS ET AUX CERISES

6 personnes ★

**Pâte :**
• 250 g de farine • 175 g de beurre • sel *ou un rouleau de pâte brisée (rayon frais ou surgelés)*
**Garniture :**
• 1 kg de cerises • 1 kg d'abricots • 1 œuf • 125 g de sucre • 30 g de farine • 4 cuil. à soupe de crème épaisse • 30 g de sucre cristallisé

### Réalisation

Versez la farine dans un saladier, formez un puits et mettez le beurre coupé en petits morceaux, et une pincée de sel. Malaxez rapidement

puis ajoutez un peu d'eau pour obtenir une pâte souple. Formez une boule et enveloppez-la dans un film étirable. Laissez reposer au frais 3 heures et 15 minutes à température ambiante.
Pendant ce temps, dénoyautez les fruits et préparez la crème : mélangez dans un saladier l'œuf battu avec la crème, ajoutez la farine et le sucre. Préchauffez le four th. 6 (180°C). Étendez la pâte sur une planche farinée et garnissez-en un moule à tarte beurré et fariné, piquez-la à la fourchette. Placez au réfrigérateur 30 minutes avant de la garnir.
Déposez les fruits sur le fond de tarte et versez la crème par-dessus. Faites cuire au four pendant 30 minutes. Saupoudrez de sucre cristallisé et faites caraméliser au four th. 8 (240°C) pendant 5 minutes. Servez tiède.

**En accompagnement :** proposez une crème anglaise à la vanille : fouettez 4 jaunes d'œufs avec 125 g de sucre, ajoutez 1 cuillerée à café d'extrait de vanille, délayez avec 50 cl de lait très chaud, mélangez sur le feu très doux jusqu'à ce que la crème nappe la cuillère.

## TARTE AUX FRAISES

6 personnes ★

**Pâte :**
• 250 g de farine • 125 g de beurre • 75 g de sucre glace • 2 œufs • 2 cuil. à soupe de lait • 40 g de poudre d'amandes • sel *ou un rouleau de pâte sablée (rayon frais ou surgelés)*
**Garniture :**
• 1 kg de fraises • 70 g de poudre d'amandes • 70 g de sucre glace • 80 g de beurre • 1 cuil. à soupe rase de Maïzena • 1 œuf et 1 jaune • 5 cuil. à soupe de gelée de framboise

### Réalisation

Faites durcir les œufs et prélevez les jaunes, écrasez-les à la fourchette. Réservez les blancs pour une autre utilisation. Versez la farine dans un saladier. Creusez un puits, mettez-y le beurre fractionné, le sucre et une pincée de sel. Mélangez avec les doigts, puis ajoutez les jaunes d'œufs, le lait et la poudre d'amandes. Pétrissez rapidement, formez une boule et placez au réfrigérateur pendant 3 heures, puis laissez reposer 15 minutes à température ambiante avant de la travailler. Étalez la pâte sur une planche légèrement farinée, et disposez-la sur un moule à tarte beurré et fariné. Piquez-la à la fourchette et mettez-la au réfrigérateur pendant 30 minutes. Préchauffez le four th. 6 (180°C). Travaillez le beurre en pommade dans un saladier, ajoutez le sucre, l'œuf et le jaune, les amandes en poudre et la Maïzena. Étalez cette préparation sur le fond de tarte, et faites cuire pendant 20 minutes. Laissez refroidir. Lavez, séchez et équeutez les fraises. Coupez-les en deux si elles sont grosses. Disposez les fruits sur le fond de tarte. Faites tiédir la gelée de framboise dans une casserole et glacez-en les fraises.

**En accompagnement :** servez avec de la crème Chantilly.

# TARTE AUX FRUITS D'AUTOMNE

**6 personnes** ★

**Pâte :**
• 250 g de farine • 175 g de beurre • sel *ou un rouleau de pâte brisée (rayon frais ou surgelés)*
**Garniture :**
• 3 pommes • 3 poires • 10 prunes • 1 œuf • 25 g de farine • 50 g de sucre • 30 cl de lait

## Réalisation

Versez la farine dans un saladier, creusez un puits, mettez au centre le beurre fractionné et une pincée de sel. Mélangez du bout des doigts en ajoutant un peu d'eau pour obtenir une pâte souple. Roulez en boule, enveloppez d'un film étirable, et mettez au frais pendant 3 heures. Sortez la pâte du réfrigérateur, laissez-la reposer 15 minutes à température ambiante, puis étalez-la sur une planche farinée et garnissez-en un moule à tarte beurré et fariné. Piquez la pâte de coups de fourchette et remettez-la au frais pendant 30 minutes. Préchauffez le four th. 6 (180°C).

Pelez les pommes et les poires, coupez-les en

morceaux, lavez et essuyez les prunes, coupez-les en deux. Disposez les fruits sur le fond de tarte. Battez dans un saladier l'œuf avec le sucre, le lait et la farine. Versez sur les fruits. Faites cuire pendant 30 minutes. Servez tiède.

**En accompagnement :** servez avec cette tarte une boule de sorbet à la poire arrosée, éventuellement, d'un peu d'alcool de poire.

## TARTE AUX GRIOTTES

6 personnes ★

**Pâte :**
• 250 g de farine • 125 g de beurre • 2 jaunes d'œufs • 50 g de sucre • sel

**Garniture :**
• 750 g de griottes • 200 g de sucre • 3 œufs • 20 cl de crème fraîche • 2 cuil. à soupe de kirsch

### Réalisation

Mettez la farine en puits dans un saladier, ajoutez le beurre fractionné, le sucre, une pincée de sel et les jaunes d'œufs. Mélangez rapidement

du bout des doigts en ajoutant un peu d'eau, formez une boule, entourez-la de film alimentaire et laissez reposer 3 heures au frais puis 15 minutes à température ambiante.
Étalez la pâte, garnissez-en un moule à tarte, piquez-la avec une fourchette et remettez-la au frais 30 minutes. Préchauffez le four th. 7 (210°C).
Pendant ce temps, lavez les griottes, épongez-les et dénoyautez-les.
Versez 125 g de sucre dans une grande poêle, faites caraméliser les griottes à feu vif en les tournant sans cesse avec une spatule. Battez les œufs en omelette avec le reste du sucre jusqu'à ce que le mélange mousse, ajoutez la crème et le kirsch.
Versez la préparation sur le fond de tarte et répartissez les griottes caramélisées. Faites cuire pendant 30 minutes.
Servez tiède.

**En accompagnement** : proposez une glace à la vanille.

## TARTE AUX MIRABELLES

6 personnes ★

**Pâte :**
• 250 g de farine • 175 g de beurre • sel *ou un rouleau de pâte brisée (rayon frais ou surgelés)*
**Garniture :**
• 800 g de mirabelles • 2 œufs • 10 cl de crème fraîche
• 80 g de sucre glace • 25 g de beurre

### Réalisation

Versez la farine dans un saladier, faites un puits au milieu, ajoutez une pincée de sel, le beurre coupé en morceaux et un demi-verre d'eau. Pétrissez rapidement en ajoutant un peu d'eau si la pâte vous paraît trop sèche. Elle doit être souple.
Laissez-la reposer en boule entourée de film étirable pendant 3 heures au réfrigérateur, puis 15 minutes à température ambiante avant de l'utiliser.
Étendez-la au rouleau sur une planche légèrement farinée, garnissez-en le fond d'un moule à tarte beurré et fariné et piquez-la de quelques coups de fourchette.

Remettez-la au frais 30 minutes. Préchauffez le four th. 6 (180°C).
Pendant ce temps, préparez la garniture. Lavez les mirabelles, dénoyautez-les, et réservez-les. Battez les œufs en omelette dans un saladier, ajoutez la crème et le sucre en poudre, mélangez bien.
Disposez les mirabelles sur le fond de tarte, versez la crème sur les fruits, et faites cuire au four pendant 25 minutes. Saupoudrez de sucre glace avant de servir.

**En accompagnement :** vous pouvez flamber cette tarte avec de l'eau-de-vie de mirabelle.

## TARTE AUX NOIX

**6** personnes ★

**Pâte :**
• 250 g de farine • 175 g de beurre • sel *ou un rouleau de pâte brisée (rayon frais ou surgelés)*
**Garniture :**
• 250 g de cerneaux de noix • 150 g de chocolat noir • 3 cuil. à soupe de miel d'acacia

**Réalisation**
Versez la farine dans un saladier, faites un puits au milieu, ajoutez une pincée de sel, le beurre fractionné et un demi-verre d'eau. Pétrissez rapidement en ajoutant un peu d'eau si la pâte vous paraît trop sèche. Elle doit être souple. Laissez-la reposer en boule entourée de film étirable pendant 3 heures au frais avant de l'utiliser, puis 15 minutes à température ambiante. Étendez-la au rouleau sur une planche légèrement farinée, et garnissez-en le fond d'un moule beurré et fariné. Piquez-la de quelques coups de fourchette, et remettez-la au frais 30 minutes. Préchauffez le four th. 6 (180°C). Recouvrez la pâte de papier sulfurisé. Parsemez de haricots secs pour qu'elle ne lève pas, et faites cuire pendant 30 minutes.
Pendant ce temps, faites fondre le chocolat dans une casserole avec très peu d'eau. Mixez 100 g de noix, ajoutez-les au chocolat. Mélangez bien. Versez ce mélange sur le fond de tarte. Laissez refroidir. Roulez les noix restantes dans le miel, et déposez-les sur la tarte.

**En accompagnement :** servez avec cette tarte un vin blanc liquoreux très frais ou un vieux porto rouge.

## TARTE AUX NOIX DE PÉCAN

**6** personnes ★

**Pâte :**
• 200 g de farine • 1 jaune d'œuf • 100 g de beurre • 50 g de sucre • sel
**Garniture :**
• 4 œufs • 225 g de cassonade • 100 g de beurre • 150 g de noix de pécan

### Réalisation

Sortez le beurre du réfrigérateur plusieurs heures avant de préparer cette tarte, ou mettez-le 15 secondes au micro-ondes : il doit être mou. Versez la farine en puits dans un saladier. Ajoutez le jaune d'œuf, le sucre et une pincée de sel. Pétrissez en ajoutant un peu d'eau si nécessaire. Mettez en boule, enveloppez d'un film étirable et laissez au frais 3 heures. Sortez la pâte 15 minutes avant de l'étaler sur un moule beurré. Piquez-la de coups de fourchette et

remettez-la au frais 30 minutes. Préchauffez le four th. 6 (180°C). Recouvrez la pâte d'un papier sulfurisé et de haricots secs. Faites la cuire « à blanc » 10 minutes.
Battez les œufs en omelette dans un saladier, ajoutez la cassonade et le beurre fondu.
Disposez les noix de pécan sur le fond de tarte, versez la garniture et faites cuire 20 minutes à four chaud.
Servez froid.

**En accompagnement :** proposez du sirop d'érable avec cette tarte à l'américaine.

## TARTE AUX PAMPLEMOUSSES

6 personnes ★

**Pâte :**
• 200 g de farine • 50 g de sucre glace • 180 g de beurre • 2 œufs • 40 g de poudre d'amandes • sel *ou un rouleau de pâte sablée (rayon frais ou surgelés)*
**Garniture :**
• 2 pamplemousses • 200 g de sucre • 1 œuf • 80 g de beurre • 2 cuil. à soupe de sucre glace

**Réalisation**

Faites durcir les 2 œufs, ôtez la coquille, gardez les blancs pour un autre usage et écrasez les jaunes à la fourchette. Versez la farine dans un saladier, creusez un puits, ajoutez une pincée de sel, le sucre, le beurre, mélangez rapidement à la main, ajoutez ensuite les jaunes d'œufs et la poudre d'amandes. Roulez la pâte en boule, entourez-la d'un film étirable et laissez reposer au frais 3 heures, puis 15 minutes à température ambiante. Étalez la pâte, garnissez-en un moule beurré et fariné, piquez-la de quelques coups de fourchette et laissez-la au frais 30 minutes. Préchauffez le four th. 6 (180°C).

Pressez les pamplemousses, versez le jus dans une casserole, ajoutez le sucre. Faites dissoudre sur feu doux, ajoutez le beurre par petits morceaux puis, hors du feu, l'œuf battu. Versez la garniture sur la pâte, et faites cuire pendant 30 minutes. Saupoudrez de sucre glace et servez froid.

**En accompagnement :** offrez de la crème Chantilly avec cette tarte.

## TARTE AUX PIGNONS DE PIN

6 personnes ★

**Pâte :**
• 250 g de farine • 175 g de beurre • 25 g de sucre • 1 œuf
• sel *ou un rouleau de pâte brisée (rayon frais ou surgelés)*
**Garniture :**
• 100 g d'amandes en poudre • 100 g de sucre semoule
• 3 cuil. à soupe de miel • 100 g de beurre • 4 œufs
• 120 g de pignons de pin

**Réalisation**
Mettez la farine dans un saladier, formez un puits et ajoutez une pincée de sel, le sucre et l'œuf. Mélangez à la main rapidement, puis ajoutez le beurre fractionné. Faites une boule, enveloppez-la de film étirable et laissez reposer au frais 3 heures. Sortez du réfrigérateur et laissez la pâte à température ambiante 15 minutes. Garnissez un moule à tarte beurré et fariné avec la pâte, laissez reposer 30 minutes au frais. Préchauffez le four th. 6 (180°C).
Mélangez dans un saladier le sucre, la poudre d'amandes, le beurre ramolli, les œufs entiers et le miel. Versez cette crème sur le fond de tarte,

saupoudrez de pignons. Faites cuire 35 minutes. Laissez refroidir.

**En accompagnement :** cette tarte peut être accompagnée d'une salade de fruits frais au naturel, sans sucre ajouté, qui donnera à votre menu une note rafraîchissante : poires, pommes, kiwis, mandarines, oranges, fraises... selon la saison.

## TARTE AUX POMMES MERINGUÉE

6 personnes ★

**Pâte :**
• 250 g de farine • 175 g de beurre • sel *ou un rouleau de pâte brisée (rayon frais ou surgelés)*
**Garniture :**
• 1 kg de pommes • 6 œufs • 20 cl de lait • 100 g de sucre

### Réalisation

Mettez la farine dans un saladier, faites un puits et ajoutez le beurre fractionné et une pincée de sel. Travaillez rapidement à la main. Ajoutez un peu d'eau pour obtenir une pâte souple. Formez une boule, enveloppez-la de film étirable. Laissez reposer 3 heures au réfrigérateur, puis

15 minutes à température ambiante. Étalez la pâte sur une planche farinée et garnissez-en un moule beurré et fariné. Laissez reposer au frais 30 minutes. Préchauffez le four th. 6 (180°C). Épluchez les pommes et coupez-les en tranches fines. Séparez les jaunes des blancs d'œufs. Fouettez les jaunes avec la moitié du sucre jusqu'à ce que le mélange mousse. Faites tiédir le lait et ajoutez-le en fouettant vigoureusement. Disposez les tranches de pommes en couronne dans le moule. Arrosez de crème. Mettez au four pendant 25 minutes. Battez les blancs en neige ferme avec une pincée de sel et le reste du sucre. Sortez la tarte du four, recouvrez-la avec la meringue. Faites dorer 5 minutes.

**En accompagnement :** accompagnez, selon la saison, d'un coulis de framboises (recette page 100) ou de crème anglaise à la vanille (recette page 118).

# TARTE CAFÉ-CHOCOLAT

6 personnes ★

**Pâte :**
• 250 g de farine • 4 cuil. à soupe de cacao en poudre • 150 g de beurre • 80 g de sucre semoule • 1 œuf • sel
**Garniture :**
• 2 œufs • 100 g de sucre semoule • 20 cl de café très fort • 1 cuil. à café de farine • 50 g de noix en poudre • 50 g de noisettes en poudre

## Réalisation

Versez la farine et le cacao dans un saladier, ajoutez le sucre, une pincée de sel et l'œuf, puis le beurre coupé en petits morceaux. Pétrissez rapidement, mettez en boule et enveloppez-la dans du film alimentaire. Laissez reposer 3 heures au frais, puis 15 minutes à température ambiante. Étalez la pâte, garnissez-en un moule beurré. Mettez au frais 30 minutes. Préchauffez le four th. 6 (180°C).
Battez les œufs en omelette dans un saladier. Réservez. Faites chauffer le café et le sucre, puis versez sur les œufs sans cesser de battre. Incorporez la farine, les noix et les noisettes.

Mélangez bien. Versez cette préparation sur la pâte. Faites cuire pendant 30 minutes. Servez froid.

**En accompagnement :** offrez avec cette tarte de la crème fraîche liquide.

## TARTE FINE AUX FIGUES CARAMÉLISÉES

6 personnes ★

**Pâte :**
• 200 g de farine • 150 g de beurre • sel *ou un rouleau de pâte feuilletée (rayons frais ou surgelés)*
**Garniture :**
• 16 figues • 50 g de cassonade • 25 cl de vin blanc doux
• 10 morceaux de sucre

### Réalisation

Faites dissoudre 2 pincées de sel dans un verre d'eau. Mettez la farine dans un saladier, creusez un puits, versez l'eau salée, mélangez rapidement à la main. Laissez reposer à température ambiante pendant 20 minutes. Étalez la pâte sur une planche farinée, mettez au centre le beurre

coupé en très petits morceaux. Rabattez les bords de la pâte sur le beurre. Étalez au rouleau en forme de rectangle. Repliez le rectangle en trois comme un portefeuille. Tournez la pâte d'un quart de tour vers la droite, étalez-la au rouleau en rectangle et repliez-la en trois comme précédemment. Recouvrez-la d'un torchon et laissez-la reposer 20 minutes. Renouvelez cette opération encore deux fois, puis laissez reposer la pâte 20 minutes. Recommencez encore deux fois. Préchauffez le four th. 8 (240°C). Abaissez la pâte en une abaisse très fine et garnissez-en un moule à tarte beurré.
Coupez les figues en tranches, disposez-les sur le fond de tarte et saupoudrez-les de cassonade. Faites cuire au four th. 7 (210°C) pendant 30 minutes. Pendant ce temps, versez le vin dans une casserole, ajoutez le sucre et faites cuire jusqu'à obtention d'un caramel blond. Sortez la tarte du four et arrosez-la de caramel. Servez tiède.

**En accompagnement :** proposez une glace à la vanille.

## TARTE FINE AUX POMMES

6 personnes ★

**Pâte :**
• 200 g de farine • 150 g de beurre • sel *ou un rouleau de pâte feuilletée (rayon frais ou surgelés)*
**Garniture :**
• 1 kg de pommes granny-smith • 100 g de cassonade
• 50 g de beurre

### Réalisation

Faites dissoudre 2 pincées de sel dans un verre d'eau. Mettez la farine dans un saladier, creusez un puits, versez l'eau salée, mélangez rapidement à la main. Laissez reposer à température ambiante pendant 20 minutes. Étalez la pâte sur une planche farinée, mettez au centre le beurre coupé en très petits morceaux. Rabattez les bords de la pâte sur le beurre. Étalez au rouleau en forme de rectangle. Repliez le rectangle en trois comme un portefeuille. Tournez la pâte d'un quart de tour vers la droite, étalez-la au rouleau en rectangle et repliez-la en trois comme précédemment. Recouvrez-la d'un torchon et laissez-la reposer 20 minutes. Renouvelez cette

opération encore deux fois, puis laissez reposer la pâte 20 minutes. Recommencez encore deux fois. Préchauffez le four th. 8 (240°C). Étalez très finement la pâte. Beurrez généreusement un moule à tarte, farinez-le, étendez la pâte et piquez-la.
Épluchez les pommes, coupez-les en fines lamelles et disposez-les en rosace sur le fond de tarte. Saupoudrez de cassonade, répartissez des petits morceaux de beurre sur toute la surface de la tarte. Faites cuire à four chaud pendant 20 minutes. Servez chaud.

**En accompagnement :** servez cette tarte avec une boule de sorbet à la pomme verte, arrosée (ou non) d'un petit verre de calvados.

## TARTE SABLÉE À LA CONFITURE DE LAIT

6 personnes ★★

**Pâte :**
• 200 g de farine • 50 g de sucre glace • 180 g de beurre • 2 œufs • 40 g de poudre d'amandes • sel *ou un rouleau de pâte sablée (rayon frais ou surgelés)*
**Garniture :**
• 1 litre de lait • 300 g de sucre semoule • 1 gousse de vanille

### Réalisation

Faites durcir les œufs, ôtez la coquille, gardez les blancs pour un autre usage et écrasez les jaunes à la fourchette. Versez la farine dans un saladier, creusez un puits, ajoutez une pincée de sel, le sucre, le beurre, mélangez rapidement à la main, ajoutez ensuite les jaunes d'œufs et la poudre d'amandes. Roulez la pâte en boule, entourez-la d'un film étirable et laissez reposer au frais 3 heures. Sortez-la du réfrigérateur 15 minutes avant de l'étendre.
Versez le lait dans une casserole, ajoutez le sucre et la gousse de vanille coupée en deux dans le sens de la longueur. Portez à ébullition et laissez cuire à feu doux 1 heure et demie, jusqu'à

obtention d'une confiture.
Beurrez un moule à tarte, farinez-le. Étalez la pâte, disposez-la dans le moule, piquez-la à la fourchette et remettez-la 30 minutes au réfrigérateur. Préchauffez le four th. 6 (180°C). Recouvrez de papier sulfurisé et de haricots secs et faites cuire th. 8 (225°C) pendant 20 minutes. Laissez refroidir et garnissez avec la confiture de lait.

**En accompagnement :** accompagnez de crème fouettée légèrement sucrée et, en saison, de fruits rouges.

## TARTE SABLÉE AUX FRAISES DES BOIS

6 personnes ★★

**Pâte :**
• 200 g de farine • 125 g de beurre froid • 50 g de sucre glace • 50 g de poudre d'amandes • 1 œuf *ou un rouleau de pâte sablée (rayon frais ou surgelés)*
**Garniture :**
• 320 g de crème fraîche épaisse • 350 g de fraises des bois • 1 œuf • 50 g de sucre glace

**Réalisation**

Coupez le beurre en morceaux, travaillez-le dans un saladier avec le sucre glace, la poudre d'amandes et l'œuf entier. Incorporez la farine et malaxez à la main jusqu'à obtention d'une pâte souple. Faites une boule, enveloppez-la d'un film étirable et laissez reposer au réfrigérateur pendant 3 heures. Laissez la pâte 15 minutes à température ambiante, puis étalez-la sur une planche très légèrement farinée. Garnissez-en un plat à tarte beurré et fariné, piquez la pâte de quelques coups de fourchette et remettez-la au frais pendant 30 minutes. Préchauffez le four th. 6 (180°C). Recouvrez ensuite la pâte d'un papier sulfurisé et de haricots secs. Faites-la cuire pendant 15 minutes. Badigeonnez le fond au pinceau avec 1 œuf battu et remettez au four pendant 5 minutes. Laissez refroidir.

Passez les fraises sous l'eau, épongez-les délicatement avec du papier absorbant. Répartissez la crème sur le fond de tarte, et disposez les fraises. Saupoudrez de sucre glace.

**En accompagnement :** vous pouvez aussi réaliser cette tarte raffinée avec des fraises, ou avec des framboises, ou encore avec plusieurs fruits rouges. Servez-la avec une glace à la vanille.

## TARTE SABLÉE AUX PÊCHES CARAMÉLISÉES

**6 personnes ★**

**Pâte :**
• 200 g de farine • 50 g de sucre glace • 150 g de beurre • 50 g de crème fraîche épaisse • sel *ou un rouleau de pâte sablée (rayon frais ou surgelés)*
**Garniture :**
• 200 g de crème d'amandes • 1,5 kg de pêches jaunes • 50 g de beurre • 100 g de sucre cristallisé • 2 cuil. à soupe de miel • 1 cuil. à café d'eau de fleur d'oranger

### Réalisation

Mettez la farine dans un saladier, faites un puits, ajoutez une pincée de sel, le sucre glace et le beurre. Mélangez du bout des doigts, faites un nouveau puits, ajoutez la crème et pétrissez. Formez une boule, entourez-la d'un film étirable et placez-la au réfrigérateur pendant 3 heures. Étalez la pâte, garnissez-en un moule beurré.

Piquez le fond à la fourchette et mettez-la au frais pendant 30 minutes. Préchauffez le four th. 6 (180°C). Recouvrez la pâte de papier sulfurisé et de haricots secs et faites-la cuire « à blanc » pendant 10 minutes. Répartissez la crème d'amandes sur le fond de tarte et remettez au four 10 minutes. Laissez refroidir.
Épluchez les pêches et coupez-les en quartiers. Faites-les pocher 10 minutes dans une casserole d'eau avec l'eau de fleur d'oranger. Égouttez, réservez. Faites fondre le beurre dans une poêle, ajoutez le sucre, le miel et un demi-verre du sirop de cuisson des pêches. Laissez caraméliser légèrement. Disposez les pêches dans le fond de tarte. Au moment de servir, arrosez avec le caramel.

**En accompagnement :** servez cette tarte de crème fraîche épaisse.

# TARTE SABLÉE AUX RAISINS

6 personnes ★★

**Pâte :**
• 200 g de farine • 50 g de sucre glace • 150 g de beurre • 50 g de crème fraîche épaisse • sel *ou un rouleau de pâte sablée (rayon frais ou surgelés)*
**Garniture :**
• 300 g de raisins blancs • 50 g de sucre • 50 g de poudre d'amandes • 1 œuf • 10 cl de crème

## Réalisation

Mettez la farine dans un saladier, faites un puits, ajoutez une pincée de sel, le sucre glace et le beurre. Mélangez du bout des doigts, faites un nouveau puits, ajoutez la crème et pétrissez. Formez une boule, entourez-la d'un film étirable et placez-la au réfrigérateur pendant 3 heures. Étalez la pâte sur une planche farinée et garnissez-en un moule à tarte beurré et fariné. Piquez-la de quelques coups de fourchette et remettez-la au frais 30 minutes. Préchauffez le four th. 6 (180°C).

Lavez le raisin, égrenez-le, essuyez délicatement les grains avec du papier absorbant. Battez l'œuf avec le sucre pendant quelques minutes, puis ajoutez la crème et la poudre d'amandes. Versez dans le fond de tarte. Disposez les grains de raisin et faites cuire pendant 30 minutes.

**Idée menu :** cette tarte originale termine très bien un menu d'automne composé, par exemple, d'une volaille et d'une poêlée de champignons.

## TARTE SABLÉE CHOCOLATÉE AUX POIRES

6 personnes ★★

**Pâte :**
• 200 g de farine • 125 g de beurre froid • 50 g de sucre glace • 50 g de poudre d'amandes • 1 œuf • 30 g de cacao non sucré
**Garniture :**
• 4 poires • 250 g de chocolat noir • 50 g de noisettes • 25 cl de crème liquide • 1 gousse de vanille

### Réalisation

Mélangez dans un saladier la farine et le cacao. Coupez le beurre en morceaux, travaillez-le avec

le sucre glace, la poudre d'amandes et l'œuf entier. Incorporez la farine et malaxez à la main jusqu'à obtention d'une pâte souple. Faites une boule, enveloppez-la d'un film étirable et laissez reposer au réfrigérateur pendant 3 heures. Laissez la pâte 15 minutes à température ambiante, puis étalez-la sur une planche très légèrement farinée. Garnissez-en un plat à tarte beurré et fariné, et remettez au frais pendant 30 minutes. Recouvrez-la d'un papier sulfurisé et de haricots secs. Faites cuire pendant 10 minutes th. 6 (180°C).
Pendant ce temps, faites bouillir la crème liquide avec la gousse de vanille. Hachez grossièrement le chocolat, mettez-le dans un saladier et versez dessus la crème. Mélangez et laissez refroidir. Pelez les poires, coupez-les en tranches fines.
Disposez-les en rosace sur le fond de tarte, recouvrez-les de crème au chocolat. Hachez grossièrement les noisettes et saupoudrez-les sur le dessus de la tarte.

**En accompagnement :** accompagnez d'un sorbet aux poires.

# TARTE TATIN AUX ABRICOTS

6 personnes ★★

**Pâte :**
• 250 g de farine • 175 g de beurre • sel *ou un rouleau de pâte brisée (rayon frais ou surgelés)*
**Garniture :**
• 1,2 kg d'abricots • 60 g de beurre • 100 g de sucre cristallisé • 100 g de miel • 25 g d'amandes émondées • 25 g de cerneaux de noix • 25 g de pistaches émondées • 1 citron non traité • 1 orange non traitée

## Réalisation

Versez la farine en puits dans un saladier, ajoutez le beurre fractionné et une pincée de sel. Pétrissez rapidement du bout des doigts en ajoutant un peu d'eau pour obtenir une pâte souple. Roulez-la en boule, recouvrez-la d'un film alimentaire et laissez-la reposer au frais pendant 3 heures. Sortez-la du réfrigérateur et laissez à température ambiante 15 minutes avant de l'étaler. Préchauffez le four th. 6 (180°C).
Lavez et essuyez les abricots, coupez-les en deux et dénoyautez-les. Prélevez le zeste de l'orange

et du citron avec un couteau économe, coupez-les en fine julienne. Faites fondre 40 g de beurre dans une grande casserole, ajoutez le sucre et un petit verre d'eau.
Mettez les demi-abricots et laissez cuire à très petit feu pendant 5 minutes. Retirez-les, réservez. Hachez grossièrement les noix, les amandes et les pistaches, mettez-les dans une casserole, ajoutez le miel et les zestes de fruits et remuez avec une cuillère en bois jusqu'à obtention d'un caramel blond. Versez 2 cuillerées à soupe de sucre au fond du moule à tarte, et faites caraméliser légèrement sur la flamme.
Répartissez quelques noisettes de beurre au fond du moule, disposez dessus les abricots. Recouvrez de pâte et faites cuire pendant 35 minutes.
Retournez la tarte pour la démouler, décorez-la avec les fruits secs caramélisés.
Servez tiède.

**En accompagnement :** proposez avec cette tarte un sabayon (recette page 91)

# TARTE TATIN AUX POIRES

6 personnes ★

**Pâte :**
• 250 g de farine • 175 g de beurre • sel *ou un rouleau de pâte brisée (rayon frais ou surgelés)*
**Garniture :**
• 1 kg de poires • 30 g de sucre • 50 g de beurre • 3 cuil. à soupe de miel

## Réalisation

Versez la farine dans un saladier, faites un puits, versez le sel et ajoutez le beurre fractionné. Mélangez rapidement du bout des doigts, ajoutez un peu d'eau pour obtenir une pâte souple. Mettez la pâte en boule, recouvrez-la de film étirable et laissez-la reposer au réfrigérateur pendant 3 heures. Sortez la pâte du réfrigérateur, laissez-la à température ambiante pendant 15 minutes avant de l'étaler sur une planche farinée. Préchauffez le four th. 6 (180°C).
Versez le sucre dans le moule, ajoutez 2 cuillerées à soupe d'eau. Portez sur feu vif jusqu'à la formation d'un caramel blond. Pelez les poires, coupez-les en quartiers et disposez-les bien ser-

rés sur le fond du moule. Arrosez de miel, parsemez de petits morceaux de beurre et recouvrez avec la pâte. Faites cuire pendant 30 minutes. Retournez la tarte sur un plat. Servez tiède.

**En accompagnement :** proposez un sorbet aux poires, ou encore de la crème fraîche épaisse.

## TARTE TATIN AUX POMMES

**6** personnes ★★

**Pâte :**
• 250 g de farine • 175 g de beurre • sel *ou un rouleau de pâte brisée (rayon frais ou surgelés)*
**Garniture :**
• 1 kg de pommes (reinettes de préférence) • 50 g de sucre
• 50 g de beurre

### Réalisation

Versez la farine dans un saladier, faites un puits, versez le sel et ajoutez le beurre fractionné. Mélangez rapidement du bout des doigts, ajoutez un peu d'eau pour obtenir une pâte souple. Mettez la pâte en boule, recouvrez-la de film

étirable et laissez-la reposer au réfrigérateur pendant 3 heures. Préchauffez le four th. 6 (180°C).
Versez le sucre dans le moule, ajoutez 2 cuillerées à soupe d'eau. Portez sur feu vif jusqu'à la formation d'un caramel blond. Épluchez les pommes, ôtez le cœur et coupez-les en quartiers. Coupez ensuite chaque quartier en deux. Disposez ces morceaux de pomme au fond du moule sur le caramel en les serrant bien. Saupoudrez de sucre, parsemez de petits morceaux de beurre. Étalez la pâte, recouvrez-en les pommes. Faites cuire pendant 30 minutes. Retournez la tarte sur le plat de service et servez tiède.

**En accompagnement :** la crème fraîche et la glace vanille sont les meilleurs compagnons de cette tatin.

# TARTELETTES AUX FRAMBOISES

**6 personnes** ★

**Pâte :**
• 250 g de farine • 175 g de beurre • sel *ou un rouleau de pâte brisée (rayon frais ou surgelés)*
**Garniture :**
• 600 g de framboises • 50 cl de crème fraîche épaisse
• 20 g de sucre glace • 1 œuf

## Réalisation

Versez la farine dans un saladier, creusez un puits, mettez une pincée de sel et le beurre coupé en petits morceaux. Pétrissez rapidement à la main, ajoutez un peu d'eau pour obtenir une pâte souple. Roulez-la en boule et enveloppez-la dans un film alimentaire. Laissez reposer 3 heures au frais, puis 15 minutes à température ambiante. Étalez la pâte sur une planche farinée, et garnissez-en les moules à tartelette beurrés et farinés. Préchauffez le four th. 6 (180°C). Piquez la pâte de coups de fourchette et remettez au frais 30 minutes. Recouvrez-la de papier sulfurisé et de haricots secs et faites cuire « à blanc » pendant 10 minutes.

Badigeonnez le fond des tartelettes d'un jaune d'œuf battu et remettez-les à cuire 10 minutes. Laissez refroidir. Garnissez les fonds de framboises, nappez de crème fraîche, saupoudrez de sucre glace et mettez au four 5 minutes.

**En accompagnement :** servez ces tartelettes croustillantes accompagnées de glace vanille.

## TOURTE À LA RUSSE

6 personnes ★★

**Pâte :**
• 250 g de farine • 100 g de beurre • 1 œuf • 2 cuil. à soupe de sucre • 1 citron non traité • 1 orange non traitée • 1 sachet de levure • sel

**Garniture :**
• 500 g de fromage blanc • 3 œufs • 3 cuil. à soupe de miel liquide • 200 g de fruits confits (cerise, angélique...) • 2 cuil. à soupe de lait

### Réalisation

Prélevez le zeste de l'orange et du citron avec un couteau économe, hachez-le.

Versez la farine en puits dans un saladier, ajoutez la levure, le sucre, le zeste, une pincée de sel et l'œuf.
Pétrissez rapidement à la main, ajoutez le beurre coupé en morceaux et un peu d'eau pour obtenir une pâte souple. Séparez la pâte en deux parties, 2/3 et 1/3. Laissez-la reposer au frais pendant 3 heures, puis sortez-la du réfrigérateur 15 minutes avant de la travailler.
Étendez chaque partie au rouleau sur une planche farinée.
Garnissez une tourtière beurrée et farinée avec la plus grande abaisse, piquez-la de coups de fourchette et remettez-la au frais 30 minutes.
Préchauffez le four th. 6 (180°C).
Mélangez dans un saladier le fromage blanc, 2 œufs, le miel et les fruits confits. Versez cette préparation dans le moule, recouvrez avec la seconde abaisse de pâte, dorez avec un œuf battu dans un peu de lait et faites cuire au four pendant 45 minutes. Servez froid.

**En accompagnement :** rafraîchissez ce dessert d'un coulis de framboises (recette page 100).

# TOURTE AUX AMANDES

6 personnes ★

**Pâte :**
• 300 g de farine • 100 g de beurre • 1 œuf + 1 jaune d'œuf • 75 g de sucre en poudre • 1 sachet de levure

**Garniture :**
• 100 g de poudre d'amandes • 2 jaunes d'œufs • 35 g de farine • 50 cl de lait • 75 g de sucre en poudre • 100 g d'amandes effilées

## Réalisation

Battez le sucre avec les jaunes d'œufs et la farine dans un saladier. Faites bouillir le lait et versez-le petit à petit sur la préparation. Continuez à mélanger jusqu'à obtention d'une crème onctueuse. Ajoutez la poudre d'amandes et faites épaissir à feu doux. Laissez refroidir à température ambiante, puis placez au réfrigérateur. Préchauffez le four th. 6 (180°C).
Mettez les amandes sur la plaque du four et faites-les dorer. Réservez. Mélangez la farine avec la levure dans un saladier. Formez un puits et versez au centre l'œuf, le jaune, le sucre et le beurre en pommade. Malaxez le tout du bout

des doigts pour obtenir une pâte souple. Formez une boule et séparez-la en deux parties. Étalez les deux morceaux en deux abaisses rondes. Étalez la première abaisse dans un moule à tarte, garnissez de crème à l'amande. Recouvrez avec la deuxième abaisse et soudez les bords. Faites cuire pendant 30 minutes au four. Laissez refroidir, saupoudrez d'amandes.

**En accompagnement :** proposez aux plus gourmands une confiture de fruits rouges.

## TOURTE AUX BLETTES

6 personnes ★★★

**Pâte :**

• 250 g de farine • 125 g de sucre • 125 g de beurre • 1 œuf • sel

**Garniture :**

• 800 g de blettes • 2 œufs • 150 g de cassonade • 50 g de raisins de Corinthe • 50 g d'amandes • 50 g de pignons • 1 cuil. à soupe de miel • 1 cuil. à soupe de rhum • 1 cuil. à soupe d'huile d'olive • 1 cuil. à soupe de lait • 20 g de beurre

**Réalisation**

Mélangez dans un saladier l'œuf entier et le sucre, ajoutez une pincée de sel, puis la farine. Incorporez ensuite le beurre par petits morceaux. Étalez la pâte sur une planche farinée et partagez-la en deux. Garnissez un moule à tarte beurré avec la première abaisse. Piquez-la de quelques coups de fourchette. Préchauffez le four th. 6 (180°C).

Épluchez les blettes, coupez-les en julienne et faites-les blanchir avec leurs feuilles pendant 1 minute à l'eau bouillante. Hachez grossièrement les amandes et les pignons. Battez les œufs en omelette, ajoutez la cassonade, puis les blettes, les raisins, les amandes et les pignons, le miel, le rhum et l'huile. Mélangez et répartissez dans le moule. Recouvrez avec la seconde abaisse de pâte, piquez-la à la fourchette, dorez avec le lait, et faites une cheminée au centre de la tarte en la maintenant ouverte avec un petit bristol. Faites cuire au four pendant 45 minutes.

**En accompagnement :** cette tarte se sert en dessert, après un repas léger.

# INDEX DES RECETTES

## Tartes salées

## Tartes sucrées

**Et quelques mini recettes pour les accompagner :**